La psychanalyse du feu

火的精神分析

〔法〕加斯东·巴什拉 著

杜小真 顾嘉琛 译

河南大学出版社
HENAN UNIVERSITY PRESS
·郑州·

图书在版编目(CIP)数据

火的精神分析 / (法)巴什拉著；杜小真，顾嘉琛
译. ——郑州：河南大学出版社，2016.3(2025.5重印)
ISBN 978-7-5649-2354-9

Ⅰ.①火… Ⅱ.①巴… ②杜… ③顾… Ⅲ.①哲学理
论—法国—现代②诗歌—文学理论 Ⅳ.①B565.59
②I052

中国版本图书馆CIP数据核字(2016)第057852号

火的精神分析

HUO DE JINGSHEN FENXI

著　者　〔法〕加斯东·巴什拉
译　者　杜小真　顾嘉琛
责任编辑　史新瑶
责任校对　张海如
封面设计　周伟伟

出　版　河南大学出版社
　　　　地址：郑州市郑东新区商务外环中华大厦2401号　邮编：450046
　　　　电话：0371-86059701(营销部)　网址：hupress.henu.edu.cn
排　版　河南大学出版社设计排版中心
印　刷　河南瑞之光印刷股份有限公司
版　次　2016年10月第1版
印　次　2025年5月第3次印刷
开　本　787mm×1092mm　1/32　　印　张　9
字　数　140千字　　　　　　　　　定　价　58.00元

版权所有，侵权必究
(本书如有印装质量问题，请与河南大学出版社营销部联系调换。)

中译者序

《火的精神分析》与《烛之火》是法国二十世纪著名科学哲学家,法国新认识论创始人、诗学理论家和诗人加斯东·巴什拉(Gaston Bachelard,1884—1963)的两本小书,译者把它们放在一起译出,希望能使读者对巴什拉的诗学理论及想象理论有所了解,以便接近他的新认识论——新科学精神。

巴什拉是大器晚成的学者。他出身贫寒,1903年中学毕业后没能进大学,而是进入邮电部门工作。工作期间,他从未间断过自学。七年后,他依靠自己的刻苦努力获得数学学士学位。第一次世界大战后,他在中学任化学、物理教师多年,同时继续自学深造。1922年,他顺利通过哲学中学教师资格考试。1927年,他以论文《论近似的知识》获法国国家博士学位。这一年他已43岁。1930年,巴什拉终于踏上大学殿堂的讲台,先在第戎大学文学系任教授,1940年又任巴黎大学科学史和科学哲学教授。1955年退休,任名誉教授。他一直是法兰西人文科学院院士。晚年曾获法国荣誉军团勋章(1951,1959)和国家文学大奖(1961)。在二十世纪法国思想界,巴什拉大概是仅有的没有接受过正规高等教育、没有涉足思想家摇篮——巴黎高师的杰出学者,他的光辉与其他声名显赫的各流派代表人物相比毫不逊色:巴什拉集科学家严谨的逻辑思维、哲学家深刻的哲理思考、诗人丰富的想象力于一身,这就使他的思想独具魅力,而且长久启迪着人们的心灵。

巴什拉的学术研究展示了两个方向:认识论和诗学。1928年,其文《论近似的知识》的发表标志着他对认识论的更新与改造。法国认识论的发展可追溯到十九世纪末。一般评论认为1908年波裔法国著名化学家、哲学家E.梅耶松发表的《同一性与实在性》,是法国认识论的开端,从此,人们开始把用自然科学方法探讨哲学问题的学者归于科学哲学家名下。其中最有影响的有E.梅耶松、H.彭加勒、A.拉朗德、L.布兰舒维克。

巴什拉继承了梅耶松等的思想,但他认为梅耶松的同一性意味着他的理论是"简单的本体论:希求科学与常识意义并行……科学于是成为常识意义的一种延续"。巴什拉认为,这样的哲学不能表现具有强大力量的认识论领域。他认为,只有一种保持警觉的哲学才能领会科学认识的深刻变化:这是建立在新认识论理论上的、具有新科学精神的哲学。

巴什拉认识论中最重要、也是最富创造力的基本概念是认识论障碍。这个障碍不是通常意义上的外在障碍,而是在认识活动内部出现的迟钝与混乱。对真实的认识是一束总会在某处投下阴影的光线。它永远不会是直接的、完全的。绝不可能有预定的事先正确的哲学,因为不可能有最初的真理,而只存在最初的错误。人只有在认识过程中不断克服精神本身的障碍,摧毁错误的认识,才能够得到真正的真理。科学精神首先禁止人们屈从于现成的舆论,要求人们在认识之前提出问题。科学精神认为:任何认识都要首先回答一个问题,没有问题就不可能有科学认识。巴什拉的科学精神目的就是要净化经验,理性在与经验的接触中纯化自身。巴什拉追求一种与狭隘、简单的理性主义相对立的完整的、辩证的、实践的开明理性主义。这体现了当代法国思想界希求理性与经验和解的一种倾向。

巴什拉学术研究的另一方向是诗学。1938年完成的《火的精神分析》集中体现了巴什拉从科学认识论出发在诗学理论方面的创新与发展,在当时法国文学批评与美学理论界引起极大的反响。巴什拉认为:诗的批评就是要认识诗意想象与空气、火、水和土四种元素的特征相遇,即要在每个诗人那里揭示物质的四重想象,由此,巴什拉挖掘出想象的初源:"哲学优先对最初图像的研究使人们能够展开有关想象形而上学的一切问题。"

《火的精神分析》是巴什拉诗学理论最重要的代表作。正如巴什拉本人在前言中所说:"本书是对《科学精神的形成》一书所持的总论点进行阐明。"可以说,这本书运用了巴什拉认识论的观点对新科学精神进行了具体形象的说明。对火进行精神分析是这一说明的出色例证。火在人类社会中是极原始的现象。人在最初接触火时,不可能对它有正确的认识,只不过把它看作是具体的、能够取暖、烤烧食物的火。又由于社会历史留下的禁忌,人们从一开始接触火时就不仅本能地对火怀有热爱，还本能地对火怀有敬畏。从理性精神分析的角度看，普罗米修斯情结象征着从物质出发迸发出来的精神光辉。它冲破火的禁忌，把火看作热情的理性召唤，并且冒着危险追求火的光明，这时火的光明不再是具体的、物质的光明了。古希腊恩培多克勒有着类似的观点。他把火想象为从眼睛薄膜上的细孔中穿过的火，火与外面的火交流，流射到眼睛，产生面对世界的视觉。巴什拉把这种对火的热爱与尊重、生的本能与死的本能在其中结合起来的精神称作恩培多克勒情结。以这种精神面对火，会使人幻想、使人激动，火的召唤永远是诗歌的基本主题，是它使人们产生无意识的连绵遐想。从维克多·雨果到亨利·雷尼耶，赫拉克勒斯的焚尸柴堆就像一种自然象征，不断地向我们描绘人类的命运。火在人的精神中引起的震撼、火使人产生的憧憬与遐想不知要比平时的经验强大多少倍。

在对火的精神追求中，人们对火的认识愈来愈深。火不但是光明的象征，而且还是热的象征。这远不是指具体的热，而是指内在的热的意识，这种意识总是优于关于光的完全的视觉科学。而这热满足人的欲望，含有发热快感的深刻意义。热是一种财富,一种占有,应当把这种热珍藏起来,把它赠给值得沟通、能够相互交融的意中人。光只能在事物表面闪烁,微笑,而热才能深入:深入到内在的意识中去,深入到人的灵魂深处。至此,火升华到一个新的高度:深藏的热迸发为挚诚的爱,刻骨的恨,在火的运动中产生无与伦比的强大创造力。

火升华的最高点就是纯洁化。火燃烧起爱和恨,在燃烧中,人就像火中凤凰涅槃那样,烧尽污浊,获得新生。情感只有经过火的纯化才能变得高尚,经过纯化的爱情才能找到感觉。真正的爱必须经过火的燃烧,才能升华,才能经久不衰,永远有生命力。

巴什拉通过对火的精神分析,希望把知识与对物质的想象统一起来,把诗的遐想与科学的理解结合起来。为使读者能更完整地理解巴什拉有关想象的理论,并更深地领略他那追求和谐理性与理智的激情的辩证科学精神,译者又在《火的精神分析》之后附上《烛之火》译文。《烛之火》这本堪称散文诗精品的小书是巴什拉最后一部著作,1961年发表。如果说,巴什拉早年发表《论近似的知识》及《科学精神的形成》等书时,他更多的是一个科学家或科学哲学家,后来在发表《火的精神分析》《诗与空间《诗与遐想》时更多的是一个诗的想象的哲学家,那么,在最后写《烛之火》时,完全可以说他通过和谐、平衡成为了一个真正的诗人。"灵魂遐想并思考,然后想象。"巴什拉向我们展现了一幅动人的图画:面对烛火孤独遐想的遐想者。想象就是一簇烛火,心理的烛火,人们可能面对它度过一生。在这纯粹是诗的观察之中,精神在与宇宙完全融合时外在于时间而闪闪发光,这就是产生艺术创造力的精神活动的过程,即知与诗结合的过程。在知与诗之间,不可能有直接的桥梁,只有一条路是可能的,那就是通过人——在人的精神活动中,知与诗之间真正有着深刻而又有价值的联系。《烛之火》是诗人巴什拉在向我们讲述面对烛火遐想的经历,同样是一次对知的精神分析:烛火照亮孤独的遐想者,而烛火就成为诗人面前白纸上闪现的明亮的星星。火苗——烛火垂直上升的蜡烛火苗成为遐想者上升超越的向导。而诗人通过火苗的形象把树、花等置于生命之中,即置于诗的生命之中。在这里,我们体味到科学、想象、遐想、诗意的融合与归一,一种波德莱尔与普罗米修斯的综合。也可说是俄狄浦斯情结——希望知道一切——与摩耳甫斯①情结——希望取悦与安慰他人——的互补。巴什拉是多么希望我们时代的悲剧"知者不复慰藉,慰藉者不复知"能够在这科学与诗的和谐中消失。

"哲学所能期望的是使诗与科学互为补充。"巴什拉一生始终追求理性与经验的和谐——智慧的唯物主义与热情的理性主义的结合。他像诗人一样希望超越普通特定的东西,心中蕴藏着炽热的智慧之火,追求脱凡的高尚境界,但他又是一个物质世界中的科学家,与生命和自然、与尘世万物、与世上实在的人有千丝万缕的联系,他是那样理智,又那样富于友善的同情。也许,这样把自身的想象命运与认识命运如此有机结合起来的人才是真正的智者。这样的智者多一些,我们的世界也许会多一些美好,多一些平静。

译　者
1991 年 11 月于蔚秀园

---

① 摩耳甫斯:希腊神话中的睡梦之神,睡神许普诺斯的儿子。——译注(凡文中未注明出处的脚注,均为译者所加。)

目 录

前言 ·················· 1
第一章　火与敬重　普罗米修斯情结 ········· 9
第二章　火与遐想　恩培多克勒情结 ········· 17
第三章　精神分析和史前历史　诺瓦利斯情结 ··· 28
第四章　性化的火 ·················· 59
第五章　火的化学:虚假问题的历史 ········· 82
第六章　酒精:能点燃的水;潘趣酒:霍夫曼
　　　　情结;自燃 ················ 117
第七章　理想化的火:火与纯洁 ·········· 137
结论 ·················· 150

附：烛之火

前言	158
第一章　蜡烛的过去	175
第二章　烛火遐想者的孤独	191
第三章　火苗的垂直性	216
第四章　植物生命中烛火的诗意形象	231
第五章　灯之光	253
跋　我的灯和我的白纸	270

前　言

一

只要我们谈论某客体,我们就会以为自己是客观的。但是,在我们最初的选择中,与其说我们指定客体,不如说客体指定着我们,并且我们相信:我们对于世界的基本思想往往透露着我们思想的年轻。有时,我们为某个被选定的客体感到欣喜,我们进行种种假设和遐想,于是形成了一些形似某种知识的信念。然而,根源并不纯洁:最初的事实并不是根本的真理。事实上,只有当人们首先同眼前的客体决裂,只有当人们不受最初选择的诱惑,只有当人们制止并否认了产生于最初观察的思想时,科学的客观性才可能实现。得到确切证实的一切客观性否定与客体的最初接触。这种客观性应当首先批判一切:感觉、常识,甚至最习以为常的行为以及词源，因为词语是用来歌咏和迷惑人的，难以体现思想。客观的思想远不是进行赞叹，而应当讥讽。如果没有这种不善的警惕性，我们将永远不可能采取一种真正的客观态度。如果是评审人，评审我们的同辈弟兄，那么采用的根本方法就是同情。然而，当我们处在无生机的世界面前，这个世界的生活同我们的生活不同，毫无我们的苦痛，也不为我们的欢乐而动。我们应当停止一切扩展，我们应当压制我们的人格。诗与科学的轴首先是颠倒的。哲学所能期望的是使诗与科学互为补充，把二者作为相反相成的东西结合起来。应当用无声的科学精神同扩展的诗的精神相对立，对于科学精神来讲，事先的对立是一种有益的提防。

我们要研究这样一个问题，在这个问题中，客观态度从来没有能够实现，而最初的诱感具有如此决定作用，歪曲着最机敏的精神，并且把这些精神带回诗的家园。在那里，遐想代替了思考，诗歌掩盖了定理。这就是我们的信念所提出的有关火的心理问题。我们觉得这个问题具有如此直接的心理意义，因而我们将毫不迟疑地谈论火的精神分析。

这个由火的现象向无暇的灵魂提出的问题确

实十分重要,而当代科学几乎完全绕过了这个问题。随着时间的推移,化学书籍中有关火的章节变得越来越简短。试图探讨火和火焰而又徒劳无益的当代化学著作不胜枚举。火不再是一种科学的对象物。火,作为一种眼前触目之物,一种取代许多其他现象而迫使人们做出最初选择之物,不再为科学研究提供任何前景了。于是,我们认为,从心理角度出发,观察这种现象价值的增值,研究多少世纪来曾压抑科学研究的问题在获得解决之前是如何被骤然分割或弃置的,将是一件有益的工作。如果你像我曾多次做过的那样,向有文化修养的人乃至学者发问:"火是什么?"那你得到的会是含糊其词的或老一套的回答。这些答案无意识地把最古老的、最富有想象力的哲学理论又搬了出来。原因是这个问题涉及到了不纯净的客观领域,在这个领域中,个人的感知和科学的实验相互混杂。我们正是要指出,对火的感知——也许更甚于对其他事物——仍含有严重的纰漏。这些感知在一个必须经过实证的问题中使人们立即确信无疑。

在过去的一部著作中①,我们曾想为生热的现象勾勒出一条科学的客观化的确定轴线。我们曾指出几何和代数怎样逐步地具有自身的形式和抽象的原则,把经验纳入科学的轨道。现在我们要寻求的是一条相反方向的轴线——不再是客观化的轴线而是主观性的轴线——以便提供双重前景的范例,人们能用这种范例同对于某种特殊的、甚至确定的现实的认识所提出的一切问题联系起来。若我们在有关主体和客体的实际牵连问题上是有道理的话,那我们应当更清楚地区别思考的人和思想家,而又不希求这种区别是完善的。总之,本书要研究的是思考的人,当炉火正旺时在家中孤独思考的人,犹如孤独的意识一样。于是,我们将会有许多机会指出对于科学的知识来说有各种危险:最初印象的危险,取悦黏着力的危险,任意遐想的危险。我们将很容易对观察家进行观察以得出这种更有价值的观察原则,或更确切地说,这种被迷住的观察即对火进行观察的原则。最后,这种轻度的催眠状十分适合引出精神分析的研究,而我们发现

---

① 《关于物理问题演变的研究:热量在固体中的传播》,巴黎,1928年。——原注

这种催眠状的经常性。冬天的傍晚,屋外刮着风,只要有一堆明亮的火,痛苦的心灵就会同时追忆自己的往事并倾吐苦痛:

> 人们轻声慰藉着
> 埋藏在冬日灰烬下的
> 这颗暗火似的心,
> 它正在燃烧、歌唱。
>
> ——图兰

二

但是,如果说逐句从字面上读这本书是容易的话,我们似乎的确不可能把它写成一部结构完善的作品。人类谬误的计划是一件无法实现的事情。特别是诸如我们这样的任务更拒绝历史的计划。事实上,过去的遐想条件并没有被当代科学的形成所消除。当科学家不从事自己的本职工作时,就会回到最初的价值。在历史范畴中描绘一种否认科学史教诲的思想是徒劳的。相反,我们将花费一些精力指出遐想不断地重新捡起最初的主题,不断地像原始人那样工作，而不顾已有建树的思想成就，同科学试验的教益背道而驰。

我们并不想回溯到很容易描绘出对火的崇拜的遥远时代。我们认为，有意义的仅是指出这种持续的、默默无声的崇拜。从那时起，我们将利用的资料离我们越近，就越有力地证明我们的论点。在历史上，我们所寻求的正是这种持久的资料，这种抵抗心理演变的痕迹：具有童心的老者，具有老人心理的孩童，扮成工程师的炼金术士。但是，对我们来讲，由于过去是无知，遐想是无能，我们的目的是把精神从幸福中纠正过来，使它摆脱最初的显而易见所造成的自我陶醉，并且赋予它其他的保障而不是占有，赋予它信念的力量而不是热情和激情，总之，是一些火焰以外的证明。

但是，我们所作的表述足以体现与对火的现象的认识有关的主观信念进行精神分析的意义，或者更简洁地说，即火的精神分析的意义。我们将使用特定的论据来论证我们的总论点。

三

然而,我们还要补充一点。当读者读完本书时,他不会增长任何方面的知识。这也许并不是我们的错,而是我们所选择这种方式的代价而已。当我们转向自身时,我们就背离了真理。在我们进行内心体验时,我们就从根本上否认了客观经验。我们在本书中倾吐隐情,再一次罗列各种谬误,本书就是作为这种特殊的精神分析的例证,我们认为它于一切客观研究基础都是有用的。本书是对《科学精神的形成》一书所持的总论点进行阐明。科学精神的教育将有助于阐明歪曲归纳法的诱惑。对水、空气、土、盐、酒、血,我们在此并不难以作出有关火的论述。的确,这些即刻变得有价值的物质促使对非一般性的主题进行客观研究。这些物质所具有的两重性——主观性和客观性——不如火那么清晰;然而它们却有一种虚假的标志,一种未经研究的价值的虚假意义。对更有说服力的、不太直接而且比物质试验感情色彩更少的事实基础进行精神分析,那将更加困难,但却是更加丰富的。如果寻找竞争对手是值得的,那我们将用一种对客观认识的精神分析观点促使对手去研究总体、体系、成分、演变、发展等概念。在这些概念的基础上,人们毫无困难地理解混杂的、非直接的增值,而它的感情色彩却是不容诋毁的。在所有这些例证中,在科学家或多或少容易接受的理论中,人们将会发现某些质朴的信念。这些未经争论的信念是一些干扰性的光线,它们模糊了精神应在言语的努力中汇聚的正当的光亮。每个人都应当努力在自身消除这些未经争论的信念。每个人都应当学会避免僵硬的精神习惯,这种习惯是在与熟悉的经历接触过程中形成的。每个人都应当比消除他的喜恶更加仔细地去消除他对最初感知的嫌恶与自喜。

概括地说,我们并无意教育读者。假如我们能够说服读者进行一种我们把握得住的活动:自我嘲讽,那么,我们所付出的代价就是值得的。若无这种自我批评式的讥讽,就不可能在客观认识中取得任何进步。最后要说明,我们所提供的资料仅是我们在阅读十七世纪和十八世纪大量科学著作过程中所积累的资料中的极小部分,以至于这本小册子只不过是个纲要而已。若要写蠢话,写一部厚厚的书倒是再容易不过了。

第一章 火与敬重 普罗米修斯情结

一

火和热在各种迥然不同的领域中提供了解释手段,因为对我们来说它们是一种引起无穷回忆、造成个人普遍而具有决定性意义的经历的机会。于是火成为能解释一切的特殊现象。若一切缓慢变化着的东西能用生命来解释的话,那一切迅速变化的东西就可用火来解释。火是超生命的。火是内在的、普遍的,它活在我们的心中,活在世间万物中。它从物质的深处升起,像爱情一样自我奉献。它又降落到物质中潜藏起来,像埋藏着的憎恨与复仇心。唯有它在一切现象中确实能够获得两种截然相反的价值:善与恶。它把天堂照亮,它在地狱中燃烧。它既温柔又会折磨人。它能烹调又能造成毁灭性的灾难。它给乖乖坐在炉边的孩子带来欢乐，它又惩罚不守规矩玩弄火苗的人。它是安乐，它是敬重。这是一位守护神，又是一位令人畏惧的神，它既好又坏。它能够自我否定，因此，它是一种普遍解释的原则。

若无这种初步的价值，人们就不能懂得对于这种最明显的自相矛盾的断言所持的容忍态度，也不能懂得这种堆砌着高度赞美的形容词的热情。比如，十八世纪末的一位医生以怎样的温情和荒谬写下这样的话："我认为这火并不是一种猛烈的、翻腾的、刺激的、违背本性的热——这种热并不像煮食物那样冶炼习性——而是温和的、有节制的、散发着香脂味的火，这火带着近似于血液的某种湿度，像营养浆汁一样渗入异质的习性中，把它们分离，使它们变得柔和，把它们各部分的粗糙面和棱角磨平，最终使它们变得那样温和、清澈，以同我们的本性相称。"[①]在这段文字中，没有一个论据、一个形容词具有客观意义。然而，这段话多么令人信服！我觉得它融合了医生的说服力和药物的渗透力。由于火是最有渗透力的药物，医生正是在赞扬它时才

---

① 阿·洛瓦-德戎卡德：《自然法则，适用于身体法则和人类全体的利益》，两卷本，1788年，第二卷，第144页。——原注

最有说服力。总之,当我重读这段话时——谁能解释这种无可辩驳的相似,谁就解释去吧——不能不回忆起那位戴着金表的善良而庄重的医生。在我还是孩童时,他来到我的床前,用巧妙的话语安慰我焦虑不安的母亲。这事发生在一个冬日的早晨,在我简陋的家中。炉火正旺,大人给我喝妥卢香脂液。我舔干净勺子。充满着香脂热气和芳香热药的时代今又何在?

二

我生病时,父亲在我房里生起火。他小心翼翼地架上劈柴,在壁炉柴架中撒上一把刨花。要是点不着,那可是出奇的笨。我想象不出谁干这活能与我父亲相比,他从来不让别人生火。确实,十八岁以前,我从不曾生过火。只是在我独自生活时,才开始照管壁炉。但是,我从父亲那里学到的拨火的技艺一直是我引以为荣的事。我想,我宁可旷一节哲学课也不愿错过早晨起来生火。正因如此,我怀着何等亲切的感情阅读一位受人尊敬的科研学者写下的这些话,这些话于我几乎就是我个人回忆的篇章:"我在别人家或别人在我家时,我常常这样自娱:炉中火乏了下去,我就必须冒着浓烟,徒劳地、灵巧地久久拨弄它,最后还要用小劈柴、木炭,这些东西总能及时找到。当别人把烧焦的劈柴翻弄一番之后,我常常操起了火夹,这是件意味着耐心、大胆和幸福的事情。我施展法术使炉火不灭,这就像医学院把一个无可救药的病人推给了江湖医生;然后,我只不过拨弄几根未燃尽的柴火,旁人往往没察觉到我动了什么。我闲待着并不动手,别人注视着我,像是要我动手,可是火苗上来了,燃着了木柴,于是人们说我往火里扔了锯末什么的,最后才终于承认我使气流畅通。别人并不想了解完全的、弥散的、辐射型的热,火的界域,热传递的速度,发热的类别。"[①]杜卡拉继续发挥他的家务才干和雄心勃勃的理论知识,他把火的蔓延描写为按"发热类别"几何形扩展。尽管这种数学方式并不合适,但杜卡拉的"客观"思想的首要原则已是十分清楚的,并且这种思想的精神分析是直截了当的:用柴火燃着柴火,炉火温暖家庭。

[①] 杜卡拉:《论完全的火》,第307页。——原注

三

也许人们在此能够掌握为了对客观知识进行精神分析,我们所建议要遵循的那种方式的范例。这就是在经验和科学知识的基础本身找到无意识价值的行为。因此,我们应当指出这种相互的光芒,它不停地从客观的、社会的知识射向主观的、个人的知识,反之亦然。应当在科学试验中指出孩童试验的痕迹。这样,我们将有根据地谈论科学精神的某种无意识,谈论某些事实的相异性质。这样,我们将在对特殊现象的研究中看到各种不同领域中所形成的信念的汇聚。

因此,人们也许并没有充分注意到,火与其说是一种自然存在,不如说是一种社会存在。要弄清这种观点的依据,无须考虑火在原始社会所起的作用,也无须强调保持火不灭的技术困难,而只要对文明精神的结构和教育进行研究就足以作出积极的心理分析。事实上,对于火的尊重是一种受教诲后的尊重,而不是天生的尊重。我们把手指从蜡烛火焰上缩回来的那种反应在我们的认识中不起任何有意识的作用。我们甚至会感到惊讶,人们在心理学初级读物中如此重视这种反应,在这些书中,它被当作对某种反思的反应,对于最粗暴的感觉的认识的不间断介入。实际上,社会的禁止是首要的。自然的经验不过是次要的。目的在于提供未预料到的物证,因此也是过于晦涩以致不能建立起客观的认识。烧伤,也就是自然的抑制,在证实社会禁止的同时,在孩童心目中只是赋予父母的智慧以更大的价值。因此,在孩童有关火的认识的基础上,有一种自然的和社会的干扰,而社会在这种干扰中几乎总是首要的。如果对针刺与火燬进行比较,人们也许会更好地理解这一点。这二者都会引起某些反应。为什么针尖不会像火那样成为受到尊重与惧怕的对象呢?这正是因为社会对针尖的禁止远不能同对火的禁止相比。

尊重火焰的真正基础是:倘若孩童把手伸向火,父亲就会用尺子打他的手指。火打人,而无须烫人。不管是火焰还是灼热,不管是油灯还是炉灶,父母始终是同样警惕着的。因此,火从一开始就是一种被普遍禁止的事物,由此可以得出结论:社会的禁止是我们对于火的最早的普遍认识。人对火的最初认识是不要碰它。随着孩子长大成人,禁止也精神化：打手心被训斥代替；训斥被火灾危险的故事所代替，又被天火的传说所代替。这样，自然现象很快地被纳入社会的、复杂的和模糊的认识中去，在这些认识中并无什么天真的成分。

于是，由于抑制首先是社会的禁止，个人对火的认识问题是一个巧妙的不服从的问题。当父亲不在身边时孩子想学他父亲的样，像个小普罗米修斯那样偷火柴。他奔向田野，在洼地同他的小伙伴一起建起了逃学的家园。城里的孩子很少见过这种在三块砖中燃着的火，也不曾尝过油炸黑刺李和烤在火上的滑腻的蜗牛。城里孩子不懂得这种普罗米修斯情结，而我经常感觉到这种情结。只有这情结能使我们懂得本身十分贫乏的火之父的传说为什么受到关注。此外，不可匆匆地把普罗米修斯情结和经典的精神分析的俄狄浦斯情结混为一谈。当然，在关于火的遐想中性的成分尤为强烈，我们下面还将对此进行阐述。然而，也许最好还是以不同的方式指明无意识信念的各种细微差别，尽管随之会看到各种情结是那样相似。对我们提供的客观认识进行精神分析的好处之一，似乎就是可以审视一个比展现原始本能的领域更浅近的领域。因为这个领域是中间的领域，它对清晰的思想、对科学的思想具有决定性的作用。知道和创造是人们给自己加标签的某些需要,而无须将它们同权力意志必然地联系起来。在人的身上有一种真正的智力意志。当人们将理解的需要绝对依附于实用原则时——这正如实用主义和柏格森主义所做的那样——人们便低估了理解的需要。因此,我们建议把所有一切促使我们同父辈懂得一样多、比父辈懂得更多、同我们师长懂得一样多、比我们师长懂得更多的倾向都归在普罗米修斯情结名下。然而,正是在支配对象的过程中,在完善我们的客观认识的过程中,我们才有希望使自己更明确地达到我们曾称羡的父辈与师长的知识水平。由更强烈的本能建立起的优势必然吸引着数量更多的人,但应当由心理学家进行分析的精神则会更少。尽管说单纯的智力不同寻常,它仍然是人类特有演进的标志。普罗米修斯情结是精神生活的俄狄浦斯情结。

第二章 火与遐想 恩培多克勒①情结

一

现代精神病学对纵火者的心理作了解释。精神病学指出了纵火者倾向的性特征。它也相应地阐明在看到着火的磨坊和屋顶熊熊燃烧,看到在无边田野上、夜空中燃起巨大火光时心理上所受到的严重创伤。田地中的野火几乎总是牧羊人的病态所致。穷苦人好像手持寂寞的火把,把自己孤独者的梦幻一代又一代地传下去。火灾决定着纵火者几乎同纵火者点燃的火灾同样致命。火在心灵中孕育比在灰烬中更加安全可靠。纵火者是一切犯罪分子中最隐蔽的。在圣·依利精神病院里,最典

---

① 恩培多克勒(公元前五世纪人):古希腊著名哲学家、医生、自然科学家。

型的纵火者十分好客。他声称只有一件事他不会干，那就是生炉子。除了精神病学之外，经典的精神分析对火之梦进行过长期的研究。在最清晰、最明了的梦之中，火之梦属于从性的角度进行释疑的最可靠的那一类梦。这个问题我们不想再提及。

我们仅要就一个更浅近但又更知识化的心理层次作精神分析。对我们来说，应当用对遐想的研究来代替对梦的研究。在本书中，我们特别应当研究面对着火进行的遐想。以我们的看法，这种遐想与梦是极其不同的，因为它总是或多或少地集中在某物上。梦是线状发展的，在快速进展中，它忘却了自己的路。遐想则呈星状，它回到自己的中心，放射出新的光芒。而面对着火的遐想，意识到自身舒适的甜蜜遐想，正是最自然地集中起来的遐想。炉火前的遐想是最依赖于物的遐想，或者是最依赖于托辞。由此产生了这样的坚实性和同质性，使它具有如此魅力以致无人能够摆脱。它又具有如此的确定性，以致说自己喜欢壁炉里的火已经成了一种俗套。这说的是那种平静的、均匀的、温顺的火，大块劈柴在这火中徐徐燃烧。这是一种单调的、明亮的、真正完全的现象：火在诉说，在飞舞，在歌唱。

对于人来说，炉中火无疑是遐想的首要题材，是休憩的象征,使人安静休息。若没有在火前的遐想,就难以设想休息的哲学。因此,我们认为少了火前的遐想,就等于失去了火对于人的真实的、首要的使用价值。无疑,火给人带来温暖,使人舒适。但是,人们只有在一种相当长时期的凝视之中才能意识到这种舒适。人们只有双肘撑着膝头,双手抱着头时才能享受到火的乐趣。这种姿势由来已久。火边的孩子自然而然保持着这种姿态。这种姿态同思想家的姿态毫不相干。它决定着一种异常特殊的注意力,这种注意力丝毫不同于监视或观察的注意力。它极少出现在另一种凝视中。当人来到火边时,人就会坐下来;就会休息而不睡觉;就会接受客观的特殊的遐想。

当然,精神功利主义的追随者们不会接受一种如此简易的理想主义理论,他们为了确定我们对于火的关注就会提出火的种种用途:火不仅可以取暖,还可以煮肉。好像复杂的炉灶、农家的灶阻止人们遐想!

小锅吊在挂锅的铁钩上,放在三角支架上移向余热未尽的炉灰上。我祖母鼓起腮帮对着铁管子吹气,使闷火重新着起来。所有的食物都一齐煮上:喂猪的土豆,切成小块的人吃的土豆,还为我在炉灰中烤上一个鸡蛋。火不可用沙漏来计时:当水滴——往往是唾液般的水滴——从蛋壳上渗出时,蛋就熟了。最近,我读到德尼·帕潘[①]是用我祖母的方式来照看他的锅,我感到惊讶。我得先吃面包、汤,然后才准吃鸡蛋。童年时,有一天我又憋气又恼怒,把一大勺汤向挂锅铁钩浇去:"吃吧,铁钩!吃吧,铁钩!"但平时我乖巧时,大人就拿来做华夫饼的铁模。长方形的铁模把菖兰花蕊一样红的火苗压住了。华夫饼已烤好,放在我的围兜里,热烘烘地烤着手指而不是嘴。对了,这时,当我嘴里嚼着发烫的华夫饼时,我在吃火,吃火的精华,吃火的滋味,直至吃下去火的噼啪声。火总是这样,像是饭后的甜食,出于一种高雅的乐趣,显示出它的人性。我们可以追溯到久远的过去,烹调的价值优于食物的价值。人是在欢快中,而不是在痛苦中发现自己的精神。对过剩物的征服比对必需品的追求所造成的精神刺激还要强烈。人是一种欲望的创造物,不是一种需要的创造物。

[①] 帕潘(1647—1714):法国发明家。他最先发现水蒸气的压力,设计过一种以他的名字命名的锅。

二

然而，炉旁的遐想有更为哲学式的轴心。火对于凝视着它的人来说是一种迅变的范例，千变万化的范例。同流水相比，火不那么单调，不那么抽象，它比丛林中时时受到窥测的鸟窝里的鸟生长得更快，变化更大，火让人产生变化的欲望，产生加快时间的欲望，使整个生命告终、了结的欲望。于是，遐想就是真正迷人的和戏剧性的。它扩展人的命运，它把小同大联结起来，把柴火的生命与世界的命运联结起来。受到迷惑的人听到樵夫的呼唤声。对于樵夫来说，砍伐不只是一种变化，而是更新。

这种十分特殊的，可又十分一般的遐想确定着一种真正的情结，对火的热爱和尊重，生的本能和死的本能在这情结中结合起来。简单地说，我们可以把它称作恩培多克勒情结。在乔治·桑的一部有趣的作品中，我们会看到这种情结的发展。这是奥罗尔·桑①从记忆深处回想起来的青年时代的作

---

① 乔治·桑原名奥罗尔·杜班。

品。也许,这部《遐想者的故事》写于她首次意大利旅行之前,首次火山爆发之前,在她婚后但又在她初恋之前。总之,这部作品打上了想象中的而不是描绘出的火山的烙印。在文学作品中,这是常见的现象。譬如在让·保尔①的作品中,我们也可以看到同样典型的章节,他想象大地之子——太阳从爆发的火山口被抛向天空。可是,对于我们来说,遐想比幻想更富有教益,因此我们还是看一下乔治·桑的作品。

旅行者在黑夜降临时攀登埃特纳火山,在凌晨观看映在闪烁的大海上的西西里火山景色。他半途在"山羊洞"中过夜,然而久久不能入睡,于是在桦木点燃的火前沉思起来;他自然而然地"双肘支在膝头,目不转睛地注视着红色的炭火,蓝色的、白色的火苗飞舞着,千姿百态。他认为这就是埃特纳火山爆发时岩浆奔流、火焰喷射的微观景象。为什么我没被召唤来瞻仰这壮观而又恐怖的景象?人们能欣赏一种从未见过的景象吗?"。作者似向我们指出他的扩大的遐想的思路,他又说道:"为什么

---

① 让·保尔,即让·保尔·里尔戴,原名约翰·保尔·弗里德里希(1763—1825):德国浪漫派诗人。

第二章 火与遐想 恩培多克勒情结

我没有蚂蚁的眼睛以欣赏这堆熊熊燃烧的桦木。这群白色小飞蛾何以如此狂喜地扑向火堆！对这群飞蛾来说，这就是壮丽的火山！这就是漫天大火的景象。这夺目的光芒吸引着它们，使它们兴奋，正像我看到整片树林在燃烧一样。"顷刻间，爱、死和火凝为一体。瞬间在火焰中心，以它的牺牲为我们提供了永恒的榜样。完全的、不留痕迹的死亡是一种保证，我们整个地奔向另一个世界。丧失一切以赢得一切。火的教诲十分清楚："当你或是巧取或是豪夺，或是通过爱得到一切之后，你应当放弃一切，并且自取消亡。"(邓南遮①：《对死的沉思》)至少，这就像纪奥诺②在《真正的财富》中所承认的那种"古老种族"的知识长进，例如印度的印第安人或阿兹特克人③在那些哲学和残忍的宗教使他们贫血直至完全枯竭的境地，头脑中只剩下一个知识的血球"。纪奥诺又说，只有这些知识化的人，这些听命于追求知识本能的人"才能打开炉门，探求火的奥秘"。

这正是乔治·桑要使我们明白的。当遐想集

---

① 邓南遮(1863—1938)：意大利作家。
② 纪奥诺(1895—1970)：法国作家。
③ 阿兹特克人：墨西哥的印第安人。

中在某一点，火山精灵就显出来了。它在蓝色、红色的灰烬上跳跃……把狂风卷起的雪花当作坐骑。"精灵带着遐想者越过四边形的纪念碑，传统上认为纪念碑的奠基人是恩培多克勒。"来吧，我的国王，戴上你的白色和蓝黄色火焰的王冠，火焰中喷发出钻石和蓝宝石般的火星！遐想者准备殉难，答道："我在这里！把我裹在滚烫的岩浆流中，用你火的双臂拥抱我，就像情人拥抱自己的未婚妻。我穿上了红色的外套。我用你的色彩打扮自己。穿上你朱红色的长袍吧！用这些耀眼的褶皱覆盖你的侧部。埃特纳，来吧，埃特纳！打破你的玄武岩的门。吐出沥青和硫黄。吐出石头、金属和火！……"在火的怀抱里，死亡并不是死亡。"死亡不可能在这个你将我送入的以太区……"我脆弱的躯体会被火熔化，我的灵魂应同组成你的那些微妙的元素相结合。精灵把它的红色外套的一角盖在遐想者身上，说道："那么，与人的生命告别吧！跟我去幽灵的世界。"

当火焰吞没纤细的桦树枝时，炉边的遐想足以使人联想起火山和焚尸柴堆。烟火中扬起的干草秆把我们推向我们的归宿！怎样更好地证明对火的沉思把我们带回到哲学思考的渊源呢？如果说

第二章 火与遐想 恩培多克勒情结

火这种十分奇特而又稀有的现象被看作是构成宇宙的一种元素的话,难道不是因为它是思想的一种因素,是遐想的一种理想的因素吗?

当人们承认了心理情结,似乎就更综合地、更好地理解某些诗篇。事实上,一篇诗作只能从情结中获得自身的一致性。如果没有情结,作品就会枯竭,不再能与无意识相沟通,作品就显得冷漠、做作、虚伪。反之,像荷尔德林①的《恩培多克勒》这样一部未竟之作,虽然有各种不同的版本和转述,但仍保持着一致性。这是因为这部作品插入恩培多克勒情结。许珀里翁②选择的是一种与自然生活更加紧密融合的生活,而恩培多克勒却选择了一种使他熔于火山纯净元素中的死亡。皮埃尔·贝尔多说得好:这两种结果比乍看时更加相近。恩培多克勒是一位清除了维特式因素的许珀里翁,他通过自身的牺牲贡献力量,而且不承认自己的弱点,这是"一个完美的人,古代神秘的英雄,他充满智慧而且自信,在他看来,自愿死亡是信念的行为,它证明自

---

① 荷尔德林(1770—1843):德国诗人。
② 许珀里翁:希腊神话人物,他与他的姐妹忒亚生下了太阳神赫利俄斯,月亮女神塞勒涅和黎明女神厄俄斯。

己智慧的力量"①。在火焰中死去是一切死亡中最不孤独的。这确是一种宇宙之死,在这种死亡中,整个天地与思索者同归于尽。焚尸堆的干柴是演变的同伴。

> 唯有不会死亡的东西是美妙的,而对我们,唯有与我们一起死亡的东西才不会死亡。
> ——邓南遮

有时,正是在熊熊的炭火前,灵魂会感到自己被恩培多克勒情结所激励。邓南遮作品中的拉·福斯卡利娜因绝望的爱情燃起的内心烈火而煎熬,渴望着柴火燃尽,而同时她又凝视着吹玻璃工的火炉,她迷惑了:"消亡,被吞噬,不留痕迹!女人的心咆哮着,陶醉在毁灭之中。顷刻间,这火将会把我吞下,就像吞噬一条蔓枝,一根干草秆一样。她靠近张开的炉口,看到比盛夏骄阳更加耀眼的流动的火焰在土罐里翻卷着,不成型的矿石正在熔解,玻璃工站在炉旁防火罩后,把铁杆伸进炉里,用嘴吹

---

① 皮埃尔·贝尔多:《荷尔德林》,巴黎,1936 年,第 171 页。——原注

熔浆以塑造成型。"①

我们看到,在各种极其不同的境况中,柴火堆的召唤仍是一种诗的基本主题。它在现代生活中不再符合任何实证的观察。它依然感动着我们。从维克多·雨果到亨利·德·雷尼耶,赫丘利②的柴堆作为一种自然的象征仍继续为我们描绘出人类的命运。对于客观认识来讲纯属虚构的东西对于无意识的遐想依然较为现实和积极,想象比实证更有力。

---

① 邓南遮:《火》,法译本,第322页。——原注
② 赫丘利:罗马神话中的人神。

第三章　精神分析和史前历史 诺瓦利斯①情结

一

很久以来,精神分析已经用于传说和神话的研究。精神分析已经为这类研究准备好了丰富的解释材料,足以阐明有关征服火的神话。精神分析所没有的完全系统化的东西——尽管 C.G.荣格的研究工作在这方面已经取得了光辉成绩——即是对科学解释和客观解释的研究,这些解释欲为史前人的发现奠定基础。在这一章中,我们将综合并充实 C.G.荣格的观点,并提请人们注意理性解释的弱点。

我们首先应当批评现代的科学解释,因为这些解释基本上不符合史前发现。这些科学解释产生

---

① 诺瓦利斯(1772—1801):德国作家,浪漫派诗人。

第三章 精神分析和史前历史 诺瓦利斯情结

于一种枯燥的、草率的理性主义,这种理性主义称自己显然是回返的,而同原始发现的心理条件毫无关系。我们相信,也许存在着一种非直接的、次要的精神分析,它始终在意识之下寻找着无意识,在客观必然性之中寻找主观价值,在经验下寻找遐想。人们只能研究人们首先想象过的东西。科学与其说是在实验的基础上,不如说是在想象的基础上形成,并且必须通过大量的实践。尤其是,对同一种材料进行加工以求取得相同结果的同一种行为,在原始人和受过教育的人的精神之中却有着不同的主观意义。对于原始人来说,思想是一种聚精会神的遐想,对于受过教育的人来说,遐想是一种松弛的思想;这两者之间,"有生气"的含义是相反的。

譬如,原始人用两块干木片摩擦生火,是理性主义解释的千篇一律的说法。然而,用来解释人是怎样想象出这种方法的客观理由是不充分的。人们甚至经常无意阐述这种首次发现的心理。在为数甚少的致力于解释的作者中,大多数都指出森林起火是夏天树枝摩擦所致。他们所采用的正是那种我们要批评的回返的理性主义。他们从一种众所周知的科学出发,通过推理来进行判断,而不重温天生的观察的条件。目前,当人们还不能对森林起火作出另一种解释时,就会认为未知的原因也许是摩擦。但是,事实上,我们能说这种现象在其自然形态中从不曾被观察。如果从最质朴的角度对这现象进行研究的话,就会发现这并不是人们所认为的那种从确切意义上说的摩擦。这也许是一种撞击;人们可能找不到任何一种东西能产生长期的、经过准备的、渐进的现象,就像会引起树木起火的摩擦一样。因此,我们得出这么一个关键结论:任何一种原始人用摩擦来取火的行为不可能由某种自然现象产生。

施莱格尔[①]完全明白这些困难,尽管他并没有找到答案,他清楚地看到利用理性主义术语提出的问题并不符合原始人的心理可能性。"火作为整个文化建树的基石,它唯一的发明,正像普罗米修斯的故事生动地表述的那样,在假定的原始状态中,它显示出了不可逾越的困难。对于我们来说,没有比火更加平淡无奇的了;可是,倘若人在大地上不曾见过一次火的话,他也许会在荒漠中漫游数千年。若人遇上火山爆发或雷电引起的森林大火:饱

---

① 施莱格尔(1767—1845):德国文学评论家。

经风霜的赤条条的人会立刻奔去取暖吗?还是更可能逃之夭夭?火使大部分的动物害怕,除去那些在主人家习惯于火的动物之外……即使人感受到了自然为他提供的火的恩赐之后,他又将如何留存火种呢?……一旦火熄灭了,又如何重新点燃它呢?假如两块木片第一次落入原始人手里,他凭借什么经验得知木片通过长时间连续快速的摩擦能够生火呢?"①

二

相反,如果理性主义的客观解释确实难以阐明原始人的发明的话,那么尽管精神分析的解释似乎有些冒险,它也终将成为真正的心理解释。

首先,必须承认摩擦是一种十分性别化的经验。浏览一下古典精神分析所提供的心理学材料就会确信这一点。其次,倘若人们确实想系统化分析热的感觉的特殊精神分析,人们将确信,摩擦生

---

① 奥古斯特·纪尧姆·德·施莱格尔:《法文创作集》,第Ⅰ卷,莱比锡,1846 年版,第 307—308 页。——原注

火的客观试验受到纯属内心经验的启发。不管怎么说,从这个角度出发,火的现象和再次点燃的火之间的距离是最短的。爱情是客观上点燃火的第一个科学假设。与其说普罗米修斯是一位充满智慧的哲学家,不如说他是一位痴心的情人,而诸神的复仇则出于嫉妒。

一旦人们提出这种精神分析的看法,一系列传说故事就很容易得到解释了。一些奇怪的说法同理性化的解释无意识地互相混杂,又得到了新的解释。马克斯·缪勒运用深奥的语言学知识,将如此透彻的心理直觉引入了人类起源的研究,他已十分接近精神分析的直觉,却未能将它区分出来。"关于火,有那么多的事情可讲!"第一件事就是:"火是两块木片之子。"①为何是儿子?谁被这种遗传观点所吸引?是原始人还是马克斯·缪勒?这样的观点从哪个角度去看最为清晰?是客观上还是主观上清晰?阐明它的经验又何在?这是两块木片之间摩擦的客观经验?还是那种更温和、更爱抚的、燃起心爱之人欲火的摩擦的内在经验?只要提出

---

① 马克斯·缪勒:《宗教起源和发展》,J.达梅斯特代译,1879年,第179页。——原注

这些问题就可以弄清"火是木片之子"这种信念的依据。

这不纯洁的火——孤独的爱情之果,在它产生时已打上了俄狄浦斯情结的烙印,对此应感到惊讶吗?马克斯·缪勒对这个问题的看法颇具启发性。关于原始之火要讲的第二件事情是,"火一旦燃起,它是怎样吞噬了自己的双亲,即冒出火的那两块木片"。俄狄浦斯情结从不曾得到更好、更完整的表白:如果你未点燃,惨痛的失败会使你痛心疾首,火将留在你身上。如果你燃起火,斯芬克斯会吞噬你。爱情仅是一种可传递的火。火仅是一种使人惊讶的爱情。

由于马克斯·缪勒不可能分享到弗洛伊德时代的心理革命的成果,某些不连贯性在他的语言论文中也可看到。他写道:"当原始人想到火并为火命名时,发生了什么事呢?只有根据它的功能才可能为它命名:焚毁和照明。"人们也许会因马克斯·缪勒的客观解释而认为正是视觉的属性标志着一种被看作最初可见的,总是在被触及之前已被看到的现象。可事情并非如此:据马克斯·缪勒的说法,"尤其是火的迅速运动使人惊讶"。因此,火曾被称为"活跃、敏捷——Ag-nis, ig-nis"。用一种次要的、客观上间接的、无稳定性的现象进行命名不免显得十分做作。相反,精神分析的解释重振一切。是的,火就是,Ag-nis,敏捷,然而,最初敏捷的东西,就是这种现象发生之前的人的因素,正是手让捣槌在槽里摩擦,模仿着更为亲切的抚摸。火在成为木之子之前,首先是人之子。

三

阐明史前人心理所用的普遍方法是对现代的原始人进行研究。但是,为了对客观知识进行精神分析,其他的原始性的机遇更为可行。事实上,只要重视某种新的现象,就可看到持一种真正恰当的客观态度是困难的。现象的未知事物似乎积极地、确实地同自身的客观化相对立。与未知相对应的不是无知,而是谬误,是以主观毛病最粗笨的形式出现的谬误。要研究原始性的心理,只需重视本质上的新的科学知识,注视非科学的、缺乏准备的、不懂得实际发明道路的人的反应。在这方面,十八世纪电的科学提供了一种取之不尽的心理观察的源泉。特别是电火与司空见惯的、被看作平淡无奇的、在精神分析方面已显陈旧的火相比更是一种性化的火。由于这种火是神秘的,因为它明显地具有性特征。我们前面已指出,摩擦首先具有明显的性特征。关于电,我们将重复有关火的说法。查尔·拉皮各这位"律师、工程师,由于他的物理和力学著作而受到国王的宠爱",在1753年写了一篇名为《初级的火的景象或实验电力讲义》的论文。在这篇论文中,我们看到了本章中为阐明摩擦生火所说过的精神分析论点的逆命题:既然摩擦会生电,拉皮各在摩擦主题上发挥而成了性电理论(第111—112页),温柔的摩擦把阻挡精神物质通行或下落的空气精神部分隔开,这种物质我们称之为精液。这种电摩擦随着摩擦的稀疏和火的精神在被摩擦部位的积累,并通过火的精神顶端的敏锐,在我们身上产生一种感觉,一种痒的感觉。于是,精液由于无法抵御积聚在空气中的火的精神的轻盈挑逗,离开原地,坠入子宫,那里也是空气所在:阴道仅是通往子宫这个总储存处的管道。女性身上有一个性位。这部位属于女性,正如男人的性位属于男人一样。这部位易变得稀疏、发痒并可产生感觉。这部位也属于摩擦的组成部分。火的精神的顶端在女性身上更为敏感。

"女性是小型人类球体的保管者,这些小型球体存于卵巢之中。它们是一种无行动无生命的电物质;就像一支未点燃的蜡烛或准备接受生命之火、接受籽或种子的卵子,或是像火绒、火柴,正在等待着这种火的精神……"

也许我们已使读者不耐烦了,然而一些可以展开的类似文章相当清楚地表明了自称为潜心于"纯力学"研究的作者私下操心的事。此外,我们知道信念的核心根本不是客观的经验。所有摩擦的东西,所有燃烧的东西,所有生电的东西都是立即可以用来阐明繁殖的。

当摩擦缺乏无意识的性和谐音,当这和谐音在冷漠而僵化的心灵中无法产生良好的共鸣时,摩擦就成为纯机械性的、并且立刻失去它的表达能力。从这个观点出发,人们也许能从精神分析角度阐明热的动力理论所遇到的长期抵制。这种理论对于有意识的描述是十分清楚的,对于真诚的实证主义者是绰绰有余的,而对于科学认识前的人来说就显得缺乏深度了——我们说的是:没有无意识的满足。《论述的成因》是一部以书信的形式写给 G.瓦松(1948 年译本)的作品,作者这样表达了他的幻灭:"当我听说火是由摩擦产生时,我感到没有比此更缺乏根据的了,这等于说,水是由泵产生的一样。"

至于夏特莱夫人,她似乎并没有在这篇论文中发现什么,而她依然承认这是奇迹:"这无疑是自然界最伟大的奇迹之一,最猛烈的火能在顷刻之间由表面看来最冰冷的物体互相碰撞而产生。"因此,这个事实对于立即能明白从火石中提取一个粒子就能确定火石的炽热度,并且具有建立在现代唯能论教育基础上的科学精神的人来说是十分清楚的,但对于夏特莱夫人的前科学精神来说就成为了神秘之物。它应当有一种实体的解释,一种深刻的解释。深度,这就是人们掩盖的东西;这就是人们使之保持沉默的东西。人们始终有权利对深度进行思考。

四

如果人们愿意摆脱急功近利的思想,确实不再把史前人的生活想象为受苦受难的话,我们的论点遇到的风险就会少些。所有的旅行者都告诉我们,原始人无忧无虑,然而这是徒劳的:当我们想到洞穴人的生活景象时依然会毛骨悚然。也许,由于我们的祖先对于痛苦不像我们那样敏感,因而他们能更悠闲地享受生活乐趣,更能体会到幸福。肉体情爱的温存和舒适也许使原始人的经验更有价值。把捣槌放进干木片的沟槽里点燃它,必须要有时间和耐心。然而,这种劳作对于专心于性乐趣的人来说是十分可亲的。也许,正是在这种温柔的劳作中,人学会了歌唱。不管怎么说,这是一项节奏很强的工作,一项同劳作者节奏合拍的工作,它为劳作者带来美妙多彩的共鸣:手臂在摩擦着,木片拍打着,劳作者歌唱着,这一切融合在和谐中,融合在有节奏的兴奋中;一切都汇聚在同一个希望中,迈向其价值众所周知的终点。从人们着手摩擦时起,就产生了一种柔和的、客观的温暖感,同时产生了一种愉快劳作的热的感觉。节拍相互衔接、相互诱发,并且通过自我诱发而延续着。皮涅罗·多斯·桑托斯告诫我们只能把时间现实性赋予颤动的东西。如果我们接受他提出的"节奏分析"心理原则,那我们将很容易明白,如此具有节奏性的劳作中生命活力和协调心理的价值。这确实使整个身心处于欢乐之中。同痛苦相比,原始人更多地在这欢乐中获得了自我意识,这种自我意识首先是自信心。

人们进行想象的那种方式往往比想象的内容更富有教益。我们只需读一下贝纳丹·德·圣皮埃尔[①]的叙述就足以对这位作家如此容易"理解"摩擦生火的原始方法而感到惊讶,因而产生对他的同情。保尔和维吉妮在树林里迷了路,他想给女伴找"带刺的卷心菜"[②]充饥,而这东西长在一棵年头不多的槟榔树顶上。用斧子砍不倒树,而保尔又没有刀子!他想在树下放火烧,可他又没有打火石!再说,在这样一个岩石遍地的岛上,并没有火石。我们对这个过程作简述,其中充满了后悔莫及之意,好像在表明无法实现的诱惑一样。这段叙述从精神分析的角度为作出决定而进行了铺垫:应当采用黑人的方法。这方法居然如此简易以致读者会对前面的一系列疑虑感到惊讶。"他用脚踩住一根干枯的树枝,用石头的利角在上面钻了小洞;然后用石头的利面将另一根品种不同的树枝削尖。接着,他把这根削尖的树枝插入脚踩着的那根树枝的小

---

① 贝纳丹·德·圣皮埃尔(1737—1814):法国作家,作品有《保尔和维吉妮》。

② 贝纳丹·德·圣皮埃尔:《自然研究》,第四版,1791 年,第 4 卷,第 34 页。——原注

洞里,并用双手快速卷动它,就像转动搅拌器使巧克力起沫那样。不一会儿,就从接触点冒出烟和火星了。他捡了干草和其他树枝在槟榔树下点起火,不久,树便倒地发出巨大响声。他还用火把卷心菜外面裹着的刺人的木本长叶子烧去。他和维吉妮生吃了一部分卷心菜,又用余火把剩下的煮了一下,吃得津津有味……"我们注意到贝纳丹·德·圣皮埃尔用了两块不同品种的木块,对于一个原始人来说,它们的差别在于它们的性别。贝纳丹·德·圣皮埃尔在《阿尔加第之行》中随意地对常春藤和月桂树作了评述。还应指出的是,摩擦器和使巧克力起沫的搅拌器之间的比较出现在诺莱[①]教士的《物理学》一书中。贝纳丹·德·圣皮埃尔受科学理想的驱使读过这本书。仅是想象与阅读的这种混合就象征着理性化。此外,这位作家从未意识到叙述有不连贯。一种温馨的想象支持着他,他的无意识重新找回了在对共享之爱的温馨信念中没苦难的情况下第一次点火的欢乐。

再者,我们很容易发现:积极摩擦的和谐决定着快意,只要这种摩擦足够温和与持续。只须等到

[①] 诺莱(1700—1770):教士,物理学家,从事静电现象研究。

急剧加速变得平缓、等到各种节奏协调起来，就可看到微笑和宁静又显露在劳作者的脸上。这种快乐客观上是无法表达的。它标志着一种特殊的感情威力。于是，摩擦、磨亮、磨平、磨光而产生的快乐就得到解释，而这种快乐在某些家庭主妇无微不至的关怀中是得不到足够的解释的。巴尔扎克在《高布赛克》一书中指出：老姑娘们的"内心冷酷"是属于最光亮之列的。从精神分析角度看，纯洁实则是不纯洁。

一些人在准科学理论中毫不犹豫地强调摩擦的价值化，同时超越完全沉浸于梦幻之中的孤独爱情阶段以达到共享之爱的阶段。J.B.罗比耐在1766年写的一部再版多次的书中说："人们摩擦石头为的是使它发光，这石头明白人们要求它什么，它的光亮证明它的恩赐……我不能相信，矿石通过它的效能为我们带来如此多的好处，而又不享受作为最初的、最珍贵的善行的温馨满足。"如此荒谬的观念在客观上应该有一种深刻的心理原因。罗比耐有时因为担心"夸张"而就此止步。精神分析学家会说是"担心露出马脚"。但是夸张其实已经十分明显。夸张是一种有待解释的现实。人们没有权利对它置之不理，就像系统地依赖于客观结果的科学史所做的那样。

总之,我们主张像C.G.荣格那样在所有原始行为中系统地发现力比多的构成成分。事实上,力比多不仅仅在艺术中才变得高尚。它是制造者(Homo faber)的一切动作的源泉。当人们给人下定义时说:人有手和语言,这无疑是很恰当的。但是,有用的行为不应遮掩愉快的行为。正如嗓子是歌唱的器官,手是用来抚摸的器官。最初,爱抚和劳作也许是结合在一起的。耗时的劳作相对来说是温和的劳作。一位旅行者谈到原始人花两个月的工时在碎石片上制造器皿。修改得越轻柔,表面就越光洁、越漂亮。说来有些荒唐,我们可以说,打制石器时代是被戏弄的石器时代,而磨制石器时代是受爱抚的石器时代。野蛮人把火石打碎,并不加工。对火石加工的人喜爱火石,对女人的爱无异于对石头的爱。

当人们观赏一把加工过的石斧时,必然会这么想:砍得恰到好处的每个小平面都是用减小了的力气、悠着劲、用耐力有条不紊地,总之是用精神分析的力气所取得的。随着磨光的石器,人们从间断的爱抚发展到连续的爱抚,发展到温和的、环抱的、有节奏的和诱惑的动作。总之,如此耐心进行劳作的人同时受到回忆和希望所支撑,应当从感情的威力方面去寻找他幻想的秘密。

五

节日的气氛始终是与摩擦生火相联系的。火的节庆在中世纪如此盛行,在原始居民中亦极普遍,在这些节日中,人们有时又回到了最初的习俗中去,这似乎证明了火的诞生是对火崇敬的原则。A.莫里在《日耳曼》一书中说:点火的人应用两块木片对着摩擦点燃。夏多布里昂花了许多笔墨为我们描写了纳奇兹人①点燃新火的节目。点火前,纳奇兹人让燃烧了一年的火自己熄灭。黎明前,神甫慢悠悠地摩擦两块干木片,口中念念有词,低声说着些别人听不懂的话。当太阳升起时,神甫的动作加快。"这时,大神甫神圣地喊了一声'喔啊',火从摩擦得发热的木片中爆发出来。浸过硫黄的火绳点着了……杂耍的用火把在芦苇堆周围点起来:火舌呈螺旋状向上蹿。祭台上,橡树皮在燃烧着,这

---

① 纳奇兹人:北印第安人部落。

堆新火就成了村里熄灭的炉灶的新火。"①这样,纳奇兹人的这个节日把庆祝太阳节和丰收节合在一起,而这个节日,尤其是火种节要保持火种的全部功效,应当在它从摩擦器中冒出时,在它最活泼的状态中抓住它。摩擦的方法似乎是一种自然的方法。再则,这种方法所以是自然的,还因为人出于自己的本性加入进去。事实上,火从上天被取得之前,首先是在人间被攫取的。

弗雷泽讲述了许多用摩擦方法点燃欢乐之火的故事。其中拜勒达纳的苏格兰火是由强迫的火或必然的火点燃的。"这是仅由两块木片摩擦而生的火。火星一冒出,立刻把长在老桦树上的蘑菇之类的放上去,这样就很容易点着了。表面看来,这类火像是从天而降,人们赋予它所有一切功能。特别是,人们相信这类火能保护人畜不得病……"②人们会自问,弗雷泽指的是什么样的"表面看来",以致说这强迫的火直接自天而降。然而,弗雷泽的整个阐述体系在这一点上似乎偏了方向。弗雷泽事

---

① 夏多布里昂:《美洲之行》,第123—124页。——原注
② J.G.弗雷泽:《金枝》,法译本,第3卷,第3部,第474页。——原注

实上把他阐述的动机建立在实用上。这样,人们从欢乐的火中汲取灰烬是用来肥沃麻田、麦田和大麦田的。这第一种证明引入了一种无意识的理性化,它把极容易相信碳酸盐和其他化学肥料作用的读者引入歧途。让我们更仔细地观察一下向着深层发展的价值变化。强迫的火的灰烬不仅被施在为我们带来好收成的农田,而且还被混在牲口饲料中去喂牲口。有时,人们也用它促进牲口的繁殖。由此,习俗的心理原则是显而易见的了。无论是喂牲口还是肥田,除了明确的实用目的之外,还有着更为深切的理想,这就是以最性感形式表现出来的繁育理想。欢乐的火的灰烬繁育着牲畜,肥沃着田地,因为这些灰烬使女人生育。正是爱情之火的经验构成客观诱发的基础。实用性的解释应再次让位给快乐的解释,理性的解释应当让位给精神分析的解释。当人们像我们所说的那样强调快乐的价值时,人们应当承认,如果说火在这以后是有用的话,它在酝酿的阶段就是快乐的。它像爱情一样,也许以前比以后更加甜蜜。至少,由此而来的幸福是依赖于被寻求的幸福。如果说原始人确信欢乐的火,原始的火具有一切功效,它给人力量和健康,那是因为,他们感受到了经历过这决定性时刻的人的舒适,以及内在的、几乎不可战胜的力量,在这决定时刻,火马上就要燃烧起来,欲望将得到满足。

但是,我们认为应当更深入地在一切细节中把弗雷泽的解释颠倒过来。弗雷泽认为欢乐的火是同植物、特别是同森林植物神灵死亡相关的节庆。人们会想植物神灵为什么在原始人心中占有如此重要的地位。森林的首要人类功能是什么,是树荫?是稀少而干瘪的果实?还是火?这就陷入了两难境地:是像弗雷泽所认为的那样燃起火是为了崇敬树林,还是像更具有泛灵论观点的解释所说那样烧树林为表示对火的崇敬?我们认为后一种解释清楚地阐明了火的节庆的细节,这在弗雷泽的阐述中没有得到解释。那么,为什么按传统应由新结合的青年男女或是由村民中最后一个娶妻的人来点燃欢乐的火呢?弗雷泽为我们描绘了这样的情景:所有的年轻人在"灰烬上跳过来蹦过去,以求获得好收成或是在来年求得一门满意的亲事,还有的是为了避免讨厌事"(第460页)。这三种动机对于年轻人来说,有没有一个更为重要?为什么"村里最年轻的新娘应从火上跳过"(第464页)?为什么在爱尔兰,"当一位少女三次向前、三次往后跳过火时,她不久就要出嫁,她将生活得美满,并会生许多孩子"(第490页)？为什么有些年轻人"确信圣·让的火不会烧着他们"(第493页)？难道他们没有不只是客观经验而更是深刻的经验以树立起一种那样奇特的信念？巴西人是怎样"把火红的炭放进嘴里而又不烧着自己的"？是怎样一种最初经历使他们有胆量这样做？为什么爱尔兰人"把那些不会繁育的牲畜选送进冬至的火中烧死"(第499页)？勒克山谷的传说也同样清楚："当一个青年男子和一个少妇一起从火上跳过，而没有被火烧到甚至被烟熏到时，人们就认为这位少妇在来年不会当母亲，因为火没有碰到她，没有使她怀孕。"她展示出有玩火而不被火烧着的本领。弗雷泽自问是否能把"爱沙尼亚在冬至的放纵行为"同这种信念联系起来。然而，在这样一本不乏各种见闻的作品中，他并没有叙述火的放纵。他不认为有必要为我们详述印度北部火的情景，"在火节中，人们又唱又跳，动作若不说是下流，也是放肆的"。

这样，这最后一句话在某种程度上承认解释上的残缺不全。我们本来会提出一些在弗雷泽论文中还找不到答案的问题，这些问题在火的原始性化的论文中自然就得到解决。没有任何东西比同时阅读弗雷泽的《金枝》和荣格的《力比多》更能使人深刻理解社会学解释的不足。甚至在"槲寄生问题"这样极其准确的问题上,精神分析学家的洞察力有着决定意义。另外,在荣格的这部著作中可以找到许多论据证实我们有关摩擦和原始火的性特征。我们只不过把这些论据系统化并增加一些比较浅近而又更接近客观知识领域中汲取的材料而已。

六

在弗雷泽《关于火的起源的神话》这部著作中,处处可见性的痕迹,以致对此进行精神分析确实毫无用处。鉴于本书的目的在于研究现代精神状况,我们不再涉及弗雷泽曾研究过的原始精神状况,而仅列举数例以说明在精神分析方面有必要重新采用社会学家的解释。

火的发明者往往是一只尾羽上有红色印记的小鸟,这红印记就是火留下的痕迹。在澳大利亚的一个小部落里,流传着十分有趣的故事,说得更清楚些,正是由于开玩笑人们才成功地窃得了火。"从前只有耳聋的蟾蛇才有火,它把火藏在自己的身体中。所有的鸟都想得到火,结果都没有成功。一天一只小隼说了个十分逗人的笑话,蜂蛇忍不住笑了起来,于是火从它肚子里跑了出来,成为鸟儿们的共同财富。"有关火的传说往往就是放荡者情爱的传说。火同无数的玩笑联系在了一起。

火往往是被偷来的。普罗米修斯情结涉及了所有动物。窃火者往往是一只鸟,戴菊莺,红喉雀,蜂鸟,总之是一只小鸟。有时,是兔子、獾、狐狸用尾巴来偷火。也有的故事说,女人们打群架,"结果,有一个女人把棍子打断了,火便立刻从棍子里跑了出来"(第 33 页)。还有的说是位老妇人发明的火,她"从树上折断了两根枝子,把它们猛烈摩擦以发泄内心的狂怒"。不少地方,把火的发明同类似暴力的东西联系起来:火是内心的狂怒,是焦躁不安的双手产生的客观现象。在某种客观发明的渊源,人们总能发现某种具有强烈感情色彩的特殊心理状态,其源头是某种客观发现,这的确特别令人吃惊。人们因此可根据欲望和情感的最初心理特征区分出各种不同的火:温火,阴火,逆火,烈火。

澳大利亚有一个传说,有一种图腾动物,名叫欧洛,体内藏火。有人把它杀死了,并"仔细察看了它的体内,想弄明白这动物是怎样产生火的,火从何处而生；他摘下它的雄性生殖器，这生殖器很长，他把它破为两半，发现里面藏着通红的火"(第34页)。若每代人都没有深刻的理由来相信这些传说的话，那么它们又怎么可能流传下来呢？

在另一个部落里流传着这样的故事："男人们并没有火，他们也不知道怎样生火，可是女人们却知道。男人们一进丛林打猎，女人们就开始生火煮饭，独自吃起来。当她们吃完饭，看到男人们从远方归来。她们不愿意让男人们知道火，便匆忙地把余火灰烬收拢起来，藏在外阴部，不让男人看见。男人来了便问：火在哪里？女人们答道：没有火。"在人们研究这类故事时，便会承认：完全不可能对此作出现实的解释，而精神分析的解释却是现成的。当然，人们不可能像众多神话所说，把现实的火，客观的火藏在体内。这也正是在感情上，人们能够如此不知廉耻地撒谎，否定内心的欲望，不顾一切事实，说：没有火。

在南美的神话里，有一个英雄追逐着一个女人，向她要火："他向她扑去，抓住了她。他对她说，若不把火的秘密告诉他，他就把她抓起来。女人挣扎着，试图逃跑，但未能成功，只能答应他的要求。她席地而坐，两腿叉开。她抓住上腹部猛烈摇晃，火球就从阴道滚到地上。这并不是我们今日所知道的火,它不会燃烧,也不能用来煮东西。当女人把火给他时,火的这些特性消失殆尽;阿基热各却说他有办法来弥补;于是他捡起树皮、果子和易燃的红胡椒,他用这些东西和女人给的火生起了我们现在用的火。"(第164页)这些故事为我们作出了从比喻到现实的清楚的描写。应当指出,这个过程并不像现实主义解释所要求的那样,从现实发展到比喻,而是相反,受到我们所论证的观点的启迪,源于主观的比喻发展到客观现实:情欲之火和胡椒之火的聚合最终点燃了干草。正是这种荒谬性解释了火的发明。

一般来说,人们阅读弗雷泽的这本内容如此丰富、如此诱人的作品不能不对现实主义解释的贫乏感到吃惊。人们研究过的传说数以千计,其中仅两至三种明显涉及性(第63页至267页)。其余的,尽管具有隐蔽的感情色彩,人们可以设想,创作这种神话的目的是进行客观的解释。"夏威夷群岛有关火的起源的传说就像澳大利亚同类传说一样,是用来解释某类鸟的特殊颜色。"(第112页)另外,兔子偷火用来解释兔子的尾巴是红棕色或黑色的。这些解释醉心于客观细节描写,而对感情色彩的原始性考虑不足。原始的现象学是一种感情的现象学：这种现象学制造出一些客观的有生命体，伴有幻想出来的虚幻物体，制造出一些混杂着欲念的形象，制造出物的和躯体的各种经历，制造出同爱情有关的火。

七

浪漫派在重温或多或少持续的原始性经验时，无意中又采用了火的主题——从性的角度来讲，这个主题极受重视。G.H.蓬·舒贝写下了这么一句话，这句话只有通过对火的精神分析才能得到真正的阐明："正如友情为爱情作好准备一样，通过相似躯体的摩擦产生怀念（热），迸发出爱情（火）。"①怀念，就是对窝巢温暖的回忆，就是对"天生之热（Calidum innatum）"的爱的回忆，还有比这更确切的说法吗？窝巢的诗歌，家的诗歌并无其他起源。沿着灌木林，在窝中寻找的任何客观印象都不可能为我

---

① 阿尔贝·贝甘引自《浪漫主义灵魂和幻梦》，1937年版，两卷本，第一部，第191页。——原注

第三章 精神分析和史前历史 诺瓦利斯情结

们提供如此丰富的形容词来赞美窝巢的温暖、亲切、热情。若无人温暖人的那种回忆,就像一种天然的热的加倍那样,就不可能想象情人们会谈论他们的小天地。温暖是幸福意识的起源。更确切地说,它是幸福的各种渊源的意识。

倘若人们对诺瓦利斯的诗作火的精神分析,那么他的整个诗歌就会得到一种新的诠释。这诗歌是为重温原始性而作的一种努力。诺瓦利斯认为,神话或多或少是一种宇宙起源论。神话是同灵魂和世界同时产生的。他说,神话是"自由的……纪元,自然的原始状态,与日月同庚"[1]。下面便是处于两重性之中的带来火和爱情的摩擦之神的神话故事:阿尔克杜国王的美丽女儿"躺在大块硫黄晶体精雕细刻成的宝座上,身体斜靠着柔软的垫子;几名女仆卖力地按摩她纤细的四肢,她的四肢里像流着奶和鲜红颜料的混合液。女仆们的手所到之处,都出现了悦目的光,整座宫殿就这样闪耀着奇妙的光彩……"

这是内在的光。被抚摸的人因喜悦而变得光

---

[1] 诺瓦利斯:《亨利·沃夫特廷根》,法译本,第 241 页注,第 19 页。——原注

辉夺目。抚摸只是具有象征意义的、理想化的摩擦而已。

然而故事仍在继续:

"埃洛一语不发。

'让我摸一下你的盾牌,'她柔声地说。

他答应了。

他的盔甲发出了颤声;一股活力流遍全身。他双眼射出闪电般的光芒;可以听到他心脏的跳动撞击着护胸甲的声音。

美丽的弗莱娅显得更安详了;从她身上发出的光芒更加耀眼。

'国王驾到!'一只美丽的鸟叫道……"

说得准确一些,这只鸟就是"凤凰",凤凰从灰烬中重生,像一种暂时被抑制的欲望,另外,人们看到这个场面具有火和爱情的双重原始性。当人们相爱时,就会燃起火,这证明过去当人们燃起火时,人们曾相爱过。

"埃洛发现自己站在入睡的弗莱娅面前,欣喜万分,这时突然响起了震耳欲聋的声音。一道熊熊火光从公主身上迸发出来,流逝到利刃剑上。"

准确的精神分析形象也许会使诺瓦利斯说:火光从利刃剑流逝到公主身上。不管怎么说,"埃洛手中的利刃剑落在地上,他迅步来到公主身边,在她鲜嫩的双唇上火一般地吻了下去"[1]。

如果从诺瓦利斯的作品中截去有关原始火的直觉,那么,诗意和一切想象似乎会同时烟消云散。诺瓦利斯的情况如此具有典型意义,以致我们可以把他作为特殊类型的情结。在精神分析范围内对事物加以命名往往引起一种沉淀:命名之前,只有一种未定型的、模糊的溶液,命名之后,在液体底部只有晶体。诺瓦利斯情结综合了对于摩擦生火的那种冲动以及分享热的需求。这种冲动也许会恢复史前对火的征服的准确的原始性。诺瓦利斯情结是以内在的热的意识为特征的,这种意识总是优于完全视觉的光的科学。诺瓦利斯情结以满足热的感觉,以发热快感的深刻意识为基础。热是一种财富,一种占有。应当把这种热珍藏起来,只把它赠给值得沟通、能相互交融的意中人。光在事物表面闪烁、微笑,只有热才会深入。诺瓦利斯在给施莱格尔的信中写道:"应该在我写的故事中看到我对明暗游戏的厌恶,以及我对明净的、热的、具有渗透力的以太的追求。"

---

[1] 诺瓦利斯:《亨利·沃夫特廷根》,第237页。——原注

这种对深入的需要,对深入事物的内部,深入有生命体的内部的需要是一种内在热的直觉的诱惑。目所不及,手伸不到之处,热在渗入。在诺瓦利斯的作品中,这种内部的沟通,这种热的同情,可下到山谷洼地,下到洞穴和矿井里去看其热的象征。正是在那里,热扩散着、蔓延着,它像梦幻那样变得模糊起来。正如诺梯埃承认的那样,有关下地狱的各种描写具有梦的构造。① 诺瓦利斯追求人世间的温暖和亲切,正像他人幻想冰冷而又灿烂的浩渺天堂。他认为,矿工是"颠倒过来的星相家",诺瓦利斯靠集中的热为生,而不是依赖灿烂的光芒。他曾多少次在"阴暗深渊的边缘"沉思!他并不是矿物的诗人,因为他是位矿物工程师;他尽管是诗人,他也是工程师,听命于地下的召唤,为了回到"天生的热"(Calidum innatum)。正如他所说,矿工是深处的英雄,他准备"接受上天的赐予,并超越人世,超越贫困,愉快地自我陶醉"。矿工歌唱大地:"他觉得自己同大地系在一起——紧紧地系在一起——他对大地怀着对未婚妻一样的深情。"大地是母亲的胸脯,对一个无意识的孩子来说就像怀抱

---

① 查理·诺梯埃:《斯马拉》,第二版序。——原注

一样温暖。同一种温暖使石头和心跳动起来。"矿工的血管里似乎流动着内火,激励着他走遍大地"(第127页)。

地心孕育着萌芽;带来生命的火就在地心。正在萌发的东西燃烧着。燃烧的东西正在萌发中。"我需要……在火中生长的花……——锌!"国王喊道,"给我们花朵……花匠从队列中走出,前去拿一只燃着的罐子,往里面播下亮晶晶的种子。不久,花朵就开出来了……"[①]

也许注重实际的人会作出一种有关烟花工艺的解释。锌的耀眼火苗在空气中迸发出氧化锌的夺目白花絮。他将写出氧化的化学公式。然而这种客观的解释尽管找到了这种令人欣喜的现象的化学原因,却永不能使我们到达景象的中心,抓住诺瓦利斯情结的核心。这种解释甚至在景象价值的分类上会使我们上当,因为按照这种说法,我们将无法懂得在诺瓦利斯这样一位诗人身上感觉的需要优于视觉的需要,也无法懂得在歌德的光辉照亮我们之前,应当首先感受融入人的每根纤维中的幽暗的温热。

---

① 诺瓦利斯:《亨利·沃夫特廷根》,第227页。——原注

当然，在诺瓦利斯的作品中，有更为温和的色彩。往往，爱情让位于冯·舒伯特式的怀念；但是热的烙印却无法抹去。您可能会提出不同看法，说诺瓦利斯是一位颂吟"蓝色小花"的诗人，一位勿忘草的诗人，面临深渊，在死亡的阴影之下，追忆着不可磨灭的过去。发掘一下无意识的深处吧！若同诗人一起重新发现原始的梦幻，您将会清楚地看到真实:小蓝花是红色的！

第四章 性化的火

一

若对火的征服最初是性的"征服",那么人们对火如此长久、如此强烈地被性化就不会感到惊讶了。在此,有一个增值的问题,它使对火的客观研究大受影响。因此,在本章中,我们将说明对客观知识进行精神分析的必要性,然后再在下一章谈论火的化学。我们所要揭示的性的增值可能是隐蔽的或是公开的。当然,沉闷的和模糊的价值是最经得起精神分析,也是最具有活力的价值。明确地受到宣扬的价值会由于可笑而立即受贬。为清楚地表明隐蔽的无意识的抵抗,让我们从微弱抵抗的那些例子开始,以便读者能轻而易举地得出结论而无须由我们更多地指明显而易见的谬误。

罗比内认为,最初的火能够再生同样的火。①这是一种司空见惯的并无价值的说法,人们对此并不在意。然而罗比内赋予了这种说法重大意义。他认为火的元素产生于一种特殊的萌芽。因此,火与一切能繁育的能力一样,当它达到某年龄时也会不育。自那时起,罗比内似乎并不知晓关于新的火、经过革新的火的节日故事,他为火重新找到遗传的必要性,要是让火自在地生存,即使为它提供养分,火也会像动物和植物那样衰老和死亡。

当然,各种火必然具有它们个性不可抹去的烙印:"日常的火、电火、磷火、火山的火、雷电的火,具有基本的、固有的不同之处,把这些不同之处同一个更内在的原则联系起来,而不是同一些会改变同一种燃烧物质的偶然事故联系起来,这是自然而然的。"②人们已经看到,某种在其心中,在其生命中,后又在其遗传力中被把握住的实体的直觉在行动着。罗比内又说:"每次雷电都极可能是火的存在的新成果,这些火的存在因大量哺育着它们的蒸气作用而迅速增长,在风的吹动下聚集起来,并被吹

---

① J.B.罗比内:《论自然》,第 3 版,4 卷本,阿姆斯特丹,1766 年,第 1 卷,第 217 页。——原注

② 同上,第 1 卷,第 219 页。——原注

到空气的中间区域的各处。美洲有数量众多的新火山口,原有的火山再次爆发也表明地下火的硕果和繁育力。"当然,这种繁育力并不是隐喻。应当从其最准确的性的含义上去理解。

在霹雳中没有观察到这些产生于雷电的火的存在。但是罗比内声称,他掌握着准确的观察资料:"霍克用枪石打在一张纸上,然后用一架精密的显微镜仔细观看火星的溅落点,这些地方带有小黑点,他在那里看到圆形的发亮的原子,尽管不用显微镜是什么也发现不了的。这是一些发光的小爬虫。"①

火的生命整个是由火星构成并呈现跳动状,这不是使人联想到蚁穴吗?"稍有动静,就可看到蚂蚁麇集,乱哄哄地从地下洞穴里爬出来;同样,磷石稍一震动,就可看到火的微生物群集并以光亮的外表显露出来"(第235页)。

最终,只有生命才能对各种色彩的明显的个性作出深刻的和内在的解释。罗比内为解释光谱的七色便提出"在火的微生物生命中的七个年龄或七个阶段……这些微生物通过棱镜时将不得不根据

---

① 罗比内:《论自然》,第4卷,第234页。——原注

自己的力气和年龄折射,每个微生物便有了自己的颜色"。正熄灭的火呈红色,不是这样吗?在乏火上吹气的人就能清楚地区分出暗红色的顽火和接近"野罂粟花的鲜红"——如一位炼金术士所形容的那样——的新火。吹的人对着熄下去的火感到泄了气;他也无意把自己的力传递给它。如果是一位像罗比内那样的现实主义者,他就会意识到自身的气馁和无能为力,就会把自身的疲乏变成幽灵。这样,活动的人的印记就打在物的身上。或爬或落到我们身上的东西就变成现实中或窒息或觉醒的标志。这种诗意的一致酝酿了对客观认识来讲为最难纠正的谬误。

只需像我们多次指出的那样,通过罗比内确定的形式使如此可笑的直觉变得不确切和模糊,就可使这种诗化的恢复了主观意义的直觉被毫无困难地接受下来。因此,如果颜色富有活力的形式依然是热烈的或苍白无力的泛灵的力量,如果它们并不是根据从客观事物到眼睛这条轴线被创造出来,而是根据射出欲望和爱情的受迷惑的目光轴线被创造出来,那么,它们就表现出柔情千变万化的差异。正因为如此,诺瓦利斯才写道:"光线粉碎成为除了颜色以外的某物。至少,光线能被注入活力,以致心灵在光线中粉碎成为泛灵的颜色。此时,谁能不想到爱人的明眸?"①当罗比内认真考虑这一点时,他只是使诺瓦利斯后来设想并以太化的形象变得更加沉重和鲜明;但在无意识中,两种形象显示为同属的,罗比内客观的戏谑的模仿只是使诺瓦利斯内心的追求变得更加粗犷。这种相近在富有诗意的心灵看来是不合适的,却有助于我们对位于现实两端的梦幻者进行双方的精神分析。它为我们提供了既能产生诗歌又能产生哲学的欲望相混杂的这些形式中的一例。哲学可能是糟糕的,而诗歌却是优美的。

二

当我们连篇累牍地罗列了对火的泛灵论的和性化的直觉解释时,我们必然会更好地明白在这些被当作永恒真理不断加以重复的断言中的徒劳成分:火就是生命;生命就是一种火。换句话说,我们

---

① 诺瓦利斯:《日记》附《未发表的格言》,第106页,巴黎。——原注

要揭穿这种虚假的自称把生命同火联结起来的必然性。

我们觉得这种相似的原则给人这样一种印象,火星就像萌芽一样,是造成重大后果的一种微不足道的因素。有关火的伟力的神话价值猛增也由此而来。

让我们先看一看萌芽和火星的公式,并且应当明白,鉴于无法脱离的相互性,萌芽是一种火星,火星是一种萌芽。两者缺一不可。当这样两种直觉联系在一起时,精神以为在思索,而实际上它只是从一种隐喻进入另一种。对于客观认识的精神分析正在于阐明这些转瞬即逝的移位。我们认为,只要把它们并列起来,就可发现它们并不建立在任何事物基础上,仅仅是一些移位建立在另一些移位之上。下面是简单相像的一个例子,我们对此不敢苟同:"若用快熄灭的火星这样最微弱的火,点燃一大块煤……两小时后,它会变成一堆巨大的炭火,犹如用火把点燃的那样吗?这就是生育的故事:最孱弱的男人产生出足够的火来繁育,并在交配时与强壮得多的男人一样确保繁育。"①这种比较能使头脑欠清晰的人满意！事实上，这种比较无助于理解现象，却构成了科学文化的真正障碍。

1771年的同一时期，有一位医生对于以火为基础的人类繁育理论大肆发挥，火是巨大的财富，具有繁殖的伟力："射精后的疲乏至少说明人在此时失去了一种十分热忱、十分活跃的流体。人们会抱怨这种储存在精囊中能触摸到的滑溜精髓数量太少吗？动物的节俭会即刻察觉到这种液体的减少吗？（对于动物的节俭来说，这种滑溜的精髓似已不再存在。）当然不会的。但是，火的物质并不这样，我们只具有一定量的这种物质，并且所有的家庭因这种物质保持着直接的交流……"②因此，失去肉、骨髓、精华和流体并不要紧。失去火，失去传种的火，这却是重大牺牲。只有这种牺牲才能产生生命。此外，我们看到火的无可比拟的价值是多么容易确立起来。

也正因此，一些显然属于二流的作者，更直率

---

① 德·马隆：《人类血液的保存者，又名，有害的往往是致命的放血》，1767年，第146页。——原注

② 让·皮埃尔·大卫：《论营养和增长，附羊膜水的使用》。——原注

地为我们提供了由无意识造成的性的直觉,他们有时发挥了一种以特殊发热的主题为基础的整套性理论,由此证明了精液和火的直觉最初是混淆的。1636年,让·皮埃尔·法布大夫阐述了雄性和雌性的产生:"产生雄性和雌性的精液是同一种,在各方面相像,并具有相似的气质,然而仅仅由于在子宫里发生了分裂,一种偏向右,另一种偏向左,这种分裂造成了这样的区别……不仅是形式上的、外表上的,而且是性别上的,一种是雄性,另一种是雌性:偏向右边的那部分精液产生出来的是雄性,因为右边是躯体最热最有劲的部分,这一部分会维持精液的力,精液的劲头和热;偏向左边的那部分精液在那里取得了冷的秉性,因为左边是躯体较冷的部分,这使精液的劲头大大缩减和削弱,由此产生雌性,然而,从其源头来看,完全是雄性的。"①

在作进一步阐述之前,必须指出这种说法是毫无根据的,它同任何客观的实证都没有关系。在外部的观察中,甚至看不到这种说法有什么理由。于是,这一类的疯癫若不是产生于给归属于火的主观

---

① 让·皮埃尔·法布:《化学秘密概论》,巴黎,1636年,第374页。——原注

第四章 性化的火

现象不合时宜的增值,又产生于什么呢?法布还通过火使力、勇气、热情、阳刚实体化。"由于这种冷和湿的秉性,女人不如男人强健,而且更为羞怯,也不如男人勇敢,这因为力、勇气和行动来自火和空气,这两者都是活跃的因素;因此,他们被称为雄性;而其他元素,水和土都是被动的和雌性的因素。"(第375页)

我们搜集了这么多的蠢话是想列举出一种精神状态,它充分体现最不足称道的隐喻。现在,由于科学精神屡屡改变结构,它已惯于层出不穷的意义的转移,因此,它反而较少地成为自身表达的受害者,所有的科学概念都已重新下定义。在我们有意识的生活中,我已经割断了同原始词源的直接关系。然而,史前精神尤其是无意识并没有使词脱离物。如果它谈到一个充满火的人,那么它想表达的是某物在这人身上燃烧。必要时,人们会以某种液体来维持这火。一切慰藉的感觉来自于真挚。一切真挚对无意识来说都是一服刺激性欲的药剂。法布认为有可能"通过某种富有营养的具有热性和干燥特性的食物,雌性的微热能变得强烈起来,甚至它有办法在外部长出由于它的软弱而留在体内的那些部分"。因为"女人是隐匿的男人。因为她们具有隐藏在内部的雄性因素"(第376页)。怎样更好地说明火的原则是雄性的活动,而且这种纯体力的活动正如膨胀一样,是生命的原则呢?男人只是由于热而发生膨胀的女人,对这种形象进行精神分析是很容易的。还必须指出有关热、食物、繁殖的模糊概念是很容易凝聚在一起的。想要"生男孩,设法吃所有有营养的热性的上火的食物"。

火,决定着精神素质和身体素质。人的精明来自于自身的热的秉性。"在此,相面人是无与伦比的;因为当他们看到一个身体瘦弱,秉性冷漠,目光闪烁,头发呈栗色或黑色的人时,他们可以肯定这个人是谨慎而乖巧的,十分有头脑而且精明"(第386页)。相反,"大高个子的男人是潮湿的,含汞的,精明、聪慧、谨慎在这些人身上永不会十分突出,因为聪慧和谨慎产生于火,而火在这么高大的身材中永不会猛烈,因为火是蔓延的、扩散的,而飘忽扩散的东西从来就不会有力、壮实。力要求密集紧凑:火的力量只有当它紧密时才更为猛烈,火炮就说明了这一点……"正如一切财富一样,火在它的集中里令人神往。人们欲把火禁锢在狭小的范围里以便更好地保持它。一切遐想把我们重新带回到对集中物的沉思中。这是小对大、暗对明的报复。为怀有这类的遐想,前科学的精神使最不一致的形象聚合在一起:棕发的人和火炮。这正是我们刚才所看到的。一般来说,正是在对小和对集中的遐想中,而不是在对大的遐想中,精神经过长时间的反复思索终于找到了通向科学思想的道路。总之,火的思想比其他一切原则的思想更能循着遐想的坡趋向集中的伟力。它在物的世界中是爱的遐想在一个寡言者心中的同等物。

对于前科学精神来说,一切精液的原则是火,这是如此真切,以致最细微的外观就足以证实这一点。对此,德·拉塞佩德伯爵说:"植物的花粉是极易燃的物质……一种叫马勃的植物所产生的花粉是硫一类的东西。"[①]这是根据表面和颜色所作的化学上的断言,对物质进行最起码的客观化学分析就可以加以否定。

有时,火是个性的形式原则。有一位炼金术士写了一本哲学信札,继《世界主义者》之后发表于1723年,他阐明火确切地讲并不是一种物体,而是雄性原则,它赋予雌性物质以形式。雌性物质就是

---

① 德·拉塞佩德伯爵:《论自然和人工电》,两卷本,巴黎,1871年,第2部,第169页。——原注

水。原始的水"是冷的、潮湿的、油腻的、不洁的和浑浊的,它在造物过程中替代着雌性,同样,火冒出无数火星就像各种不同的雄性一样,火包含着同样数量的繁殖各种造物的染色体……人们可以称火为形式,把水看作混杂交融的物质"[①]。作者又回到了"创世记"。在晦涩的形式下,人们认出了罗比内的准确形象嘲弄的直觉。这样,人们可以看到随着谬误用无意识来打扮自己,随着谬误失去其清晰的轮廓,它变得更能容忍。只要再作一点努力就可以在这思路上找到隐喻的安全可靠。重申火是一种元素,在我们看来就等于唤起性的共鸣;等于在物质的生产中、繁殖中来思考物质;等于重新接受炼金术的启迪——炼金术认为火产生了水和土以及由硫孕育的物质。然而,只要人们无法对这种元素产生的各个阶段进行详细的描绘,人们就会同时感受到原始形象的神秘和力量。然后,倘若将使我们的心充满活力的火、使世界充满活力的火变成固体,人们似乎就会与事物在一种如此强烈、如此原始的感情中相沟通,以致准确的批评也无能为力

[①] 《世界主义者或新的化学之光》,巴黎,1723年,第7页。——原注

了。然而,对于一种自称可以避免准确的批评并且满足于一般原则的本原哲学该作何设想呢?这种一般的原则一旦遇到特殊情况就会漏洞百出,犹如情人自作多情那么可笑。

三

在前一部作品[①]中,我们曾力图指出整个炼金术都充实着对性的无边遐想,对财富的追求,梦想返老还童,渴望着伟力。在此,我们要证明这种对性的遐想是一种对家园的遐想。甚至可以说炼金术只是体现了对家园遐想的性特征。炼金术并不是对客观现象的描述,而是一种在事物的核心中记载人类之爱的企图。

这种精神分析性质之所以在起初会被掩盖,是因为炼金术很快蒙上了某种抽象色彩。事实上,炼金术使用的是封闭的火,灶膛里的火。火焰所产生的勾起人们更自由、更放任的遐想的各种形象,受

---

① 《科学精神的形成——对客观知识作精神分析》,巴黎,弗兰,1938 年。——原注

到压缩并失去了光泽,使人坠入一种更确切、更紧凑的沉思中。让我们看一看在地下的工厂里炼金术士在炉边操作的情形。

我们已经不止一次指出,好几种炉子和曲颈甑不可否认地具有性器官的外形。有一些作者明确地指明了这一点。尼古拉·德·洛克,国王陛下的这位帕拉塞尔苏斯主义医生在1655年写道:"炼金术士漂白,蒸煮,使液体变稠,像在备料制造仙丹那样,操起一个容器,其形似动物身上产生雄性和雌性生殖液的乳房或睾丸,他们把这容器叫作鹈鹕式蒸馏器。"①无疑,炼金术士的各种容器和人身体不同部位的象征对应是个事实,我们也指出过它的普遍性。然而,这种对应在性这方面是最清楚、最令人信服的。在此,火被禁锢在性的曲颈瓶里,它是在自身的渊源中被捕获住的:因此,它具有全部的威力。

在炼金术中,火的技术,更确切地说火的哲学是受到极明晰的性特性规定的。据十七世纪末一位无名人士所说,存在着"三种类型的火:自然的

---

① 尼古拉·德·洛克:《有关混合体体系的自然哲学常识》,两卷本,巴黎,1665年。——原注

火,非自然的火,反自然的火。自然的火是雄性的火,即主要的原动力,然而要得到它,艺术家应当细致入微并运用自己的全部学识,因为这种火在金属中是如此萎靡,又是那么集中,以致若无坚韧不拔的劳作,就不可能使这种火行动起来。非自然的火是雌性的火,它是一种万能溶解液,给躯体以养料,并用它的羽翼覆盖着自然的裸体,要得到这种火,同前一种火同样困难。这种雌性的火呈现为一种白色烟气,往往由于艺术家的疏忽而烟消云散。这种火尽管由于形体的升华而显现躯体并光彩夺目,但它几乎是不可理解的。反自然的火是一种腐蚀化合物的火,它首先是一种具有熔解自然界牢牢凝聚的事物的伟力"[1]……还有必要指出如儒勒·列那尔所说,同烟云相连的女性特征,如同风一般无常的女性吗? 鉴于这种无意识性化的基本原则,一切遮掩的显现,一切隐藏的东西不正是女性的吗? 白衣女士快步穿过峡谷,夜访炼金术士,她容貌美丽无比,行踪飘忽像梦幻,瞬间即逝像爱情。顷刻间,她把那个睡着的男人轻抚个遍:男人突然一声

---

[1] 《光明从黑暗中透出》,意大利诗,B.D.L.译,巴黎,1693年,第2版。——原注

长叹,她便消失得无影无踪……这样,化学家就错过了一种反应。

从发热的角度来看,性的差别十分明显是互为补充的。一切事物的雌性原则就是一种表层和包裹的原则,它是怀抱,是避风港,是温暖。雄性的原则是中心的原则,一种力量的中心,这个中心具有活力和突发性,犹如火星和意志。雌性的热燎烤着外部的事物。雄性的火在本质的核心中从内部攻击事物。这就是炼金术的遐想的深刻含义。此外,为了更好地懂得炼金术之火的这种性化和在精液里活动着的雄性之火的明显优势,我们不应忘记炼金术是一种纯粹的男人的科学,单身汉的科学,是没有女人的、男人的科学,是同人类隔绝的偏袒男人社会的一些接受奥秘的人的科学。炼金术并不直接受女性幻想的影响。炼金术有关火的理论由于各种未得到满足的愿望而发生强烈的两极化。

这种内在的和雄性的火是孤独男人的沉思物,当然是一种最烈的火。特别是这种火能"打开躯体"。一位无名人士在十八世纪初用明白的语言指出了禁锢在物体内部的火的价值。"模仿自然的艺术用火打开躯体,但用的是一种比各种禁锢的火中之火更猛烈的火。"超火,预示的是超人。反之,超

第四章 性化的火

人在他的非理性的形式中,被想象为对纯属主观伟力的索求,他仅仅只是一种超火而已。

这个躯体上的"开口",这种从里对躯体的占有,这种完全的占有,有时是一种明显的性行为。如某些炼金术士所说,这种占有是通过"火杖"来实现的。在一些炼金术的书里,大量类似的说法和图像使我们对这种占有的含义不容置疑。

当火发挥了鲜为人知的功能时,人们会因性的形象如此明显而感到吃惊。确实,在直接的象征性依然含糊的情况下,这些形象持久出现证实了在火的观念中性的渊源。要懂得这一点,只需读一读关于炼金术的作品中这本冗长的小说《火与土的结合》。人们可以从三个方面来解释这种结合:从其物质意义上来解释,如化学史学家所做的那样;从诗的角度来解释,如文学批评家所做的那样;从其渊源和无意识的角度来解释,如我们在此所做的那样。让我们把三种解释平列在精确点上:我们引一段经常被人提到的炼金术诗句:

你若能熔化固体

并使熔解物扬起

又使飞扬物凝聚

你便可沾沾自喜

人们可以很容易地找到一些化学例证,这些例证使我们看到土被熔解,随后经过蒸馏提炼而升华。若人们把"精神的翅膀切断",若人们得到升华,就会得到纯净的盐,尘世混合的天空。人们就会将天地进行物质的结合。用一句动听而又沉重的话来说,就是"l'uranogée",即"被震住的天空"。

诺瓦利斯把这主题搬到了爱的梦幻世界中去:"谁知道我们的爱有一天会不会变成火焰的翅膀,在我们尚未年迈接近死亡时,将我们带到我们的天国。"①然而这种模糊的愿望适得其反,在诺瓦利斯的作品中,寓言"用它的铁盾牌戳穿了岩石,从隙缝中观看;剪子自己飞向盾,寓言要盾削去精神的翅膀,然后在它的庇护下,使姐妹们永垂不朽,完成伟大事业……(于是)弹尽粮绝。无生命的事物重新丧失灵魂。有生命的事物又将实行统治,有生命的事物将塑造无生命的事物并利用它们。内部显露出来而外部封闭起来"。

这段叙述用古怪的诗的形式表达出来,乍看来

---

① 诺瓦利斯:《亨利·沃夫特廷根》译文,第186页。——原注

并无古典雅趣,它包含着有关火的性的沉思的深刻痕迹。欲念之后,火焰应达到目的,火应当熄灭,命运应当终了。为此,炼金术士和诗人中断和平息了光亮灼人的戏弄。他们使天地分离,升华物与灰烬分开,内与外分开。当幸福的时刻过去,杜尔马利纳,那位温和的杜尔马利纳"仔细地搜集起成堆的灰烬"。

性化的火便成了一切象征的纽带。它把物质同精神,把恶癖和品德联结起来。它使唯物的知识理想化;它使理想的知识物质化。它是一种基本的模棱两可原则,这种原则不无魅力,但必须不断地承认它,不断地在两种相反的使用中对它作精神分析;反对唯物的使用,反对理想主义的使用:"我在操纵,"炼金术士说。"不,你在幻想。""我在幻想,"诺瓦利斯说。"不,你在操作。"如此深刻的两重性是因为火在我们之中,也在我们之外,它看不见但又光辉耀眼,既是精神又是烟雾。

四

如果说火是如此令人心醉,如此模棱两可,那么就应从对火的直觉作精神分析着手开始对客观知识进行完整的精神分析。我们马上就会联想到火确实是第一个客观物,是人类的精神在其基础上进行思考的第一种现象;而一切现象中,对于史前人来说,火是唯一值得去认识的,因为火伴随着爱的愿望。当然,人们经常说征服了火才使人同兽区分开来,然而,也许人们并没有发现处在原始阶段的精神,以及这种精神产生的诗和科学是在对火的沉思中形成的。"制造者"是表层的人,他的精神建立在某些熟悉的物体上,某些粗陋的几何形上。对于他来说,球体没有中心,它仅仅是手心所做的圆形动作。在炉前沉思的人正相反是具有深度的人,是变化的人。或更确切地说,火给沉思的人以最有变化深度的教诲:火焰从树枝的中心冒出来。罗丹的直觉由此而来,马克斯·舍勒引了他的话而不作评论,当然并没有看到它的原始性:"一切事物只是火焰的界限,事物的存在全靠火焰。"① 倘若没有我们关于内在的培育的火,没有把火当作一种使我们产生思想和幻想的因素,没有把火看作是一种萌芽,那么完全具有毁灭性的客观的火焰并不能解释

---

① 舍勒:《同情的本质和形式》法译本,第 102 页。——原注

第四章 性化的火

罗丹的深刻直觉。当我们对这种直觉进行思考时，我们就会懂得罗丹是一位具有深度的雕塑家，他在某种程度上不顾雕塑艺术的必然规律，把内在的特征推向外部，就像一种生命，一团火那样。

在这种情况下，我们对有关火的作品如此容易被性化就不应再感到惊讶。邓南遮为我们描绘出斯泰里奥在玻璃器皿厂观望退火炉的场景——"熔炉的延伸——烧得通红的瓶子，这些瓶子还是火的奴隶，在火的统治下……接着易碎的美丽创造物离开了自己的父亲，永远地脱离了它；瓶子冷却下来，变成冷宝石，它在世界上开始了新的生活，为享乐的人效劳，它遭到各种危险，反射出五光十色，插上鲜花，或者装上沁人心脾的饮料。"①因此，"火的艺术的突出尊严"产生于：火的杰作带着深刻的人的烙印，原始爱的烙印。火的杰作是一位父亲的作品。火所创造的外形，正如保尔·瓦雷里所说，同其他一切事物相比是"为抚摸的目的"②而塑造。

然而，对客观知识的精神分析还应当深入一步。精神分析应当承认，火是现象的第一因素。确

---

① 邓南遮：《火》，第 325 页。——原注
② 保尔·瓦雷里：《论艺术》，第 13 页。——原注

实，人们只有处在外形变幻的世界面前才可能谈论现象的世界，外形的世界。然而，最初只有火引起的变幻才是深刻的、惊人的、迅速的、美妙的、最终的变幻。昼与夜、明与暗的变化是一些表面的、暂时的现象，它不会过分搅乱有关事物的单调知识。正如哲学家们所指出，它们的交替排除了因果论。若说昼是夜之父和起因，那么夜是昼的母和起因。这种运动本身只引起很少思考。人类精神的开始并不像物理分类。树上的落果、流水，对于一个头脑单纯的人来讲并没有任何疑问。原始人观看着流水并不会思考：

如睡眼惺忪的牧人望着流水。

然而，现在发生了实质性变化：火舌所舔的东西在人的嘴里有另一种滋味。火照亮的事物保持着一种永不褪去的颜色。火所抚摸、所热爱并沉湎其中的东西赢得了回忆并失去了纯洁。用俗话说，燃烧了是失去了的同义词，这样说是为了不使用性意识的粗话。火使一切发生变化。首要的现象不仅像空暇时在火的生命和辉煌中所观察到的火的现象，而是由火所引起的现象。由火引起的现象是一切现象中最敏感的现象；是一种必须严加注视的现象，应使这种现象变得活跃或变得迟缓；应当捕捉住火之点，这点表明一种物质，正像爱的瞬间标志着一种存在。正如保尔·瓦雷里所说，在火的艺术中"没有任何抛弃，没有片刻喘息；没有任何思想、勇气或心情的波动。火的艺术以最戏剧性的形式造成人和形式的激烈争斗。这些艺术的体现者——火，也是最可憎的敌人。火是可怕的准确性的体现者，它对于置于它热焰下的材料所显示出来的美妙行动是受某些难以观察到的物理或化学常数的严格局限、威胁和确定的。任何偏差都是致命的：物品被毁。若火力减弱或火猛烈燃起，火的任性是灾祸性的"[1]……

对于这种由火引起的现象，对于在各种现象中敏感的而又体现在物质深处的现象，应当给予一个名字：第一个值得人注重的现象，便是纵火狂。现在我们来看一看这种最先被史前人所理解的放火欲后来怎样在数世纪中使科学家们的努力成为徒劳的。

---

[1] 保尔·瓦雷里：《论艺术》，第9页。——原注

第五章 火的化学:虚假问题的历史

一

在本章中,我们似乎换了话题;实际上,我们要研究对客观认识由火产生的现象所作的努力,即纵火狂。但是,我们认为这个问题几乎算不上科学史的问题,因为在这问题中,科学正是由于增值而被歪曲。关于增值问题,我们在前面章节中已谈过了,因此,我们只谈火的直觉在科学中所积聚起来的困惑史。火的直觉是一些认识论的障碍,这些障碍由于在心理上尤其明显,因此更难以克服。用一种也许较婉转的方式来说,尽管各种观点存在分歧,问题在于作持续的精神分析。这种精神分析并不是针对诗人或幻想者,而是同过去时代的化学家和生物学家有关。然而,它确实偶尔发现了思想和遐想的连续性,它还发现在这种思想和想象的结合中总是思想被歪曲、被战胜。因此,正如我们在前一部作品中所述,有必要对科学精神作精神分析,并使这种科学精神服从于一种推论的思想,这种思想并不能继续遐想,而是阻止它,使它分解,禁止它。

我们能很快证明火的问题十分不宜作历史的阐述。J.C.葛利高里写了一本明了而充满智慧的书,对自赫拉克利特至拉瓦锡[①]有关燃烧学说的历史作了论述。但是,这本书将各种思想串在一起,如此简练,仅用了50页篇幅就叙述了二十世纪的"科学"。此外,若人们意识到拉瓦锡证明这些理论客观上是错误的话,对于这些学说的知识性应持谨慎态度。人们会提出不同意见,认为亚里士多德学说是合乎情理的,经过适当修改它能解释科学知识的各种状况,能适应各个时期的哲学,这完全是徒劳的,仅仅鉴于这种学说的客观解释作用,人们还不能很好地确定这些学说的可靠性和持久性。应更深入一步;于是,我们就会涉及无意识的价值。正是这些无意识的价值造成某些解释原则的持久

---

① 赫拉克利特(公元前540—前480):希腊哲学家;拉瓦锡(1743—1794):法国化学家,现代化学创始人。

性。稍加折磨，精神分析就会使科学家们道出自己不可告人的动机。

二

火也许是使化学家们最伤脑筋的现象。长期以来，人们认为揭示火之谜就等于揭示宇宙的谜底。布尔哈夫①在1720年左右写道："倘若你对火的本质弄错了，你的谬误就会扩展到物理学的各个领域，这是因为在各种自然生产中，火……始终是主要角色。"又过了半个世纪，舍勒一方面提醒道："对于火的研究遇到无数困难。当人们想到年华在流逝而对火的真正特性未能更多地了解时，就会感到惊讶。"②另一方面，他又说："有些人犯了相反的错误，他们对火的本质和现象的解释过分简单，似乎一切困难已荡然无存。然而人们可以向他们提出多少非议？时而，热是初级的火，不久它又成为

---

① 布尔哈夫：《化学元素》译文，两卷本，1752年，第1部，第144页。——原注

② 查理·纪尧姆·舍勒：《论空气和火的化学特性》译文，巴黎，1781年。——原注

火的效应；这时，光成了最纯洁的火和一种元素；它散布在地球各处，而初级的火的脉冲把自己的直接行动传递给了光；在此，光是一种'脂肪酸'(l'acidum pingue)能加以束缚的元素，这种元素由于这种酸的膨胀而得以释放，等等。"舍勒清楚地指出了这种摆动，它具有无知的辩证法的明显征兆，这种无知从昏暗发展到一团漆黑，它很容易把表达问题的词句当成问题的答案。由于火的秘密无法揭穿，它就被看成无所不在的原因：于是，一切便可得以解释。科学前的精神越荒芜，它所选择的问题就越大。它把这种大问题变成一本小册子。夏特莱侯爵夫人的著作达 139 页，论述的是火。

在前科学时期，很难限定研究的主题。同其他现象相比，对于火来说，泛灵论的观念同实体论的观念相互纠缠在一起，难以分清。在一般的著作中，我们曾分别对这些观念进行过分析，在此，我们在混杂中对它们进行研究。我们的分析能取得进展，正依赖于科学思想，它使我们逐步认识谬误。然而，火并没有像电那样发现自己的科学。在前科学精神中，火仍是一种既属于化学也属于生物的复杂现象。因此，我们应当在火的概念中保留总体特性，这种总体特性同各种含糊的解释是相适应的。

这些解释翻来覆去地从生命讲到实体以阐述火的现象。

那样,火就能帮我们阐明在《科学精神的形成》一书中所提出的观点。尤其,鉴于人们头脑中所形成的那些单纯想法,火提供了实体论障碍和泛灵论障碍的实例,这两种障碍全都妨碍科学精神。

我们将首先指出实体论说法毫无根据之处。卡代尔神父并不怀疑火的现实主义:"绘画中的黑色往往是火所致,火总是在受到它强烈影响的物体中留下某种腐蚀性和灼热感。一些人认为这是火的一部分,是真正的火的一部分,它们留在石灰中、灰烬中、煤炭中、烟雾中。"[①]没有任何东西能证实火在染色材料中的这种物质持久性,但人们在任何劳作中看到实体论的思想:接受火的东西将是发烫的,因此是有腐蚀性的。

有时,实体论的观点体现在宁静的纯粹中,一种无任何证实也无形象的纯粹中。杜卡拉写道:"火分子……发热,因为它们存在着,它们存在着,因为它们以前曾存在过……这种行动只有在缺乏

---

① 卡代尔:《颜色的光学》,1740年,第34页。——原注

主体的情况下才会停止产生。"①物质属性的同义反复特点在此格外清楚。莫里哀曾对使人昏睡的鸦片的睡眠特性开过玩笑,但这并不妨碍一位重要作家在十八世纪末写道,热的发热功能具有加热的特性。

许多富有才智的人认为,火具有如此价值以至于任何东西都不能限制它的支配权。布尔哈夫称对火不作任何设定,但他却犹豫地说:"火的元素到处可见;它们存在于金子这种迄今为止最坚实的物质内,存在于托里拆利②的真空中"③;对化学家或哲学家来说,对一个受过教育的人或对一个空想者来说都一样,火是那么容易成为实体,以致人们既把它同真空相连,也把它同充实相连在一起。当然,现代物理学将会承认真空中穿透着放射热的无数辐射能,但是现代物理学并不会把这些辐射能变成一种真空空间的质量。如果光线在摇动着的气压器的真空中产生,科学精神并不会得出结论认为托里拆利真空包含着潜火。

---

① 杜卡拉:《论完全的火》,第 4 页。——原注
② 托里拆利(1608—1647):意大利物理学家,发现大气压力效应。
③ 布尔哈夫:《化学元素》,第 1 卷,第 145 页。——原注

火的实体化很容易就使各种矛盾的特性调和起来：火呈扩散型可能变得迅猛而炽烈；呈集中型可能变得深刻而持久。只需提及实体的集中化就足以体现各种形态。十八世纪末人们经常引证的一位作家卡拉认为："在稻草和纸中，不可或缺的燃素是很稀少的，而在煤中却含量丰富。前两种东西用火一点就着，而煤却要很长时间才会烧起来。只有承认稻草和纸中不可或缺的燃素尽管比煤的燃素稀少，但却不太集中，更为分散，因此更容易迅速点着，这才可能解释这种不同的效果。"[①]这样，类似纸迅速燃起来这样的并无多大意义的实验，在其强度上通过燃素的实体集中化的程度得以解释。在此，我们应当着重指出这种对初级实验的细节进行阐述的必要性。作这种细致的解释的必要性在一些非科学家的身上十分明显地表现了出来。他们称不忽略任何东西，并体现出具体实验的各个方面。火的这种活力便造成一些虚假问题：在我们孩童时代这种活力曾使我们异想天开！对无意识来说，稻草点起的火仍是一种富有特性的火。

[①] 卡拉：《关于光、热、火、电的本质的基本论述》，伦敦，1787年，第50页。——原注

第五章 火的化学：虚假问题的历史

同样，在马拉这位无魄力的前科学精神作者的作品中，最初经验同实体直觉的联系是直接的。他在《关于火的形体研究》这部作品的简略本中这样写道："为什么火的流体仅仅同易燃物质有关？是由于火的小球状体同这些物质已饱和的燃素之间有着特殊的相似性。这种引力是十分明显的。当人们用吹管吹气时，试图把燃烧物同吞噬它的火苗分开时，就会发现火并不轻易退却，而是很快又重占丢失的地盘。"为完善统治他无意识的泛灵论形象，马拉本来也许会说："就像狗群又回到了曾被人赶走的那块肉骨头旁一样。"这个为人熟悉的实验十分清楚地表现出当火紧紧抓住自己的食物时的顽固性。只要从稍远的地方吹灭一支旺盛的烛火或在跃跃欲试的拳头上吹口气就可对火的抵抗力有主观的估量。这种抵抗力不如无生命的东西对触碰的抵抗力那么粗暴。它只会产生更强烈的效应，促使孩童接受火的泛灵论的观点。不管怎样，火显露出它的恶意：难以点燃，也难熄灭。实体是多变的；因此火是人。

当然，火的这种活跃和顽固完全是由科学知识加以归纳和阐述的次要特性。一种健康的抽象化导致对这些特性的忽略。科学的抽象是对无意识的治疗。在文化的基础上,它排除了对一切实验细节的非议。

三

也许,火会像有生命的东西那样进食的想法,在我们无意识所形成的看法中占有主要地位。在现代人的作品中,为火添加燃料成了维持火势的同义词;然而,词语对我们的统治超过了我们的想象,当旧字眼来到嘴边时,旧的形象也会出现在头脑中。

火的食物在一些作品中仍保留其强烈的意义,这类作品并不难以列举。十六世纪的一位作者写道:"埃及人把火说成是一只迷人的、贪得无厌的动物;它吞食一切刚诞生和成长中的东西;最终,当它拼命吃饱之后,再也没什么东西可以喂饱肚子时,就把自己吞下;因为火要发热,要运动,它不可能不要食物和用来呼吸的空气。"[1]维吉尼亚在全书中发

---

[1] 布莱斯·德·维吉尼亚:《论火和盐》,巴黎,1662年,第60页。——原注

挥了这一思路。他在火的化学中重新发现了消化的所有特点。因此,对于他和其他许多作者来说,烟是火的粪便。同时期的一位作者还说:"波斯人祭火时,在祭台上供着食品,口中念着……吃吧,饱餐吧,火神。"①

十八世纪,布尔哈夫"觉得有必要通过长期研究确切指出火的食物是什么……倘若人们在狭窄意义上这样称呼,那是因为人们认为这些实体实际上成为火的食物,并且,由于火的行为,这些食物转化为初级火的本身的实体,这些食物失去了自身和原始的本性而具备火的本性;于是人们提出了一个值得成熟地加以研究的事实"②。这正是布尔哈夫花了许多笔墨所要说明的事,在这些文字中,他难以抵御他欲加削弱的泛灵论直觉。人们从来就不可能完全抵御一种偏见,对这种偏见进行攻击只是白费时间。不管怎么说,布尔哈夫只是加深了那种实体论的偏见才从泛灵论的偏见中摆脱出来:在他的学说中,火的食物转化为火的实体,食物被消化变成火。这种实体的消化是对化学精神的否定。

---

① 若旦·纪伯莱:《三篇哲学论文》,埃佛安,1603年,第22页。——原注

② 布尔哈夫:《化学元素》,第1卷,第303页。——原注

化学能研究物质是怎样相互结合、混合或平存的。这是人们能维护的三个概念。但是,化学并不能研究一种物质是怎样同化另一种的。当化学接受同化概念——食物概念的巧妙形式时,它用最晦涩的东西来阐明晦涩的东西;或者更确切地说,化学把消化的内在经验的虚假知识强加给客观解释。

人们将看到火的食物的无意识的增值会发展到什么地步,看到在一位前科学的无意识者的作品中,对"庞大固埃情结"作精神分析是多么受人欢迎。事实上,这是一种前科学原则,一切燃烧的东西应得到 pabulum ignis(火的食粮)。因此,在中世纪和前科学的时代里,没有任何东西比星辰的食粮概念更寻常的了。特别是,大地散发气息的功能往往被当作星辰的食粮。大地气息滋养着彗星。彗星滋养着太阳。我们仅列举几篇选自近时期的文章来说明在解释物质现实中消化神话的持续性和力量。罗比内在 1766 年写道:"据说这似乎是真的,发光星球吞食着它们从昏暗星球上汲取的气息,而昏暗星球的自然食物是发光星球向它们不断输送来的火流;太阳黑子似在扩大并且一天比一天深暗,这些黑子仅仅是一堆太阳吸过来的粗粒雾气,这些雾气的浓度在增长着;我们似乎从太阳表面看到袅袅升起的烟雾,事实上正相反,烟雾投向太阳;最终太阳将吸入如此大量的异质物质,以致它不仅由此将扩展并像笛卡儿所说的那样,镶嵌在异质物之中,而且它将被异质物所浸透。于是,太阳将会熄灭,或是说死去,从构成它生命的发光状态发展到昏暗状态,即太阳真正的死亡。正如蚂蟥因吸血而死去一样。"① 我们看到,消化直觉是主宰:罗比内认为,太阳王因饱食过度而死亡。

当人们接受十八世纪依然十分普遍的看法,即"一切星辰都是由同一种天体物质——微妙的火创造而成"②,那么星辰是由火滋养着的这一原则便十分清楚了。在由微妙的、天上的火造成的星辰和由粗糙的、地上的火造成的金属硫之间,人们发现了根本的相似性。人们认为这样就把地上的现象和天上的现象结合起来了,并且得到了一种对世界的普遍看法。

这样,古老的思想越过千年,带着它们原始的纯真不断地出现在富有智慧的想象中。例如,十七世纪的一位作者轻而易举地把古代的观点同他所

---

① 罗比内:《论自然》,第1卷,第44页。——原注
② 若香·波勒曼:《哲学家的硫的秘密的医学新光》,译自拉丁文,卢昂,1721年,第145页。——原注

处的时代的观点结合起来:"由于星辰白天吸来雾气以在夜里进茶点,夜便被欧里庇得斯①称为金色星辰的奶娘。"②若没有消化的神话,若没有宇宙——这个巨大存在的胃那样的节拍,它睡,它吃,同昼夜同拍,那么许多前科学的或诗的直觉将是不可解释的。

四

对于客观认识的精神分析来说,看到富有感情色彩的直觉,如火的直觉,是怎样对新的现象作解释的,这是一件十分有趣的事。前科学的思想曾设法解释电的现象,这便是一例。

证明电流只是火,而不是别的什么,这并不难,在人们甘愿被实体的直觉诱惑之时便可做到这一点。芒仁神父很快就确信了这一点:"首先,电的物质存在于一切含沥青和硫的物体中,例如玻璃、沥青,正像雷从受太阳作用所吸引的沥青和硫中汲取

---

① 欧里庇得斯(约公元前480—约公元前406):古希腊悲剧诗人。
② 纪伯莱:《三篇哲学论文》,第22页。——原注

它的电物质一样。"[①]然后,再证明玻璃含火,并把玻璃列入硫黄和沥青类并不费力。芒仁神父认为,"当玻璃由于摩擦而发生断裂时,散发出的硫黄气味便有力地证明:沥青物质和油类是玻璃的主要成分"。还有必要重提在前科学精神中始终十分活跃的旧词源吗?旧词源解释腐蚀性的硫酸盐是玻璃油。

同实体直觉密切联系着的内在性和内心直觉在此显现在一种惊人的纯真中,因为这种直觉欲解释十分确定的科学现象。"这尤其是油类,沥青类,橡皮类,树脂类,上帝把火关闭在这些东西里,就像把火封闭在能驾驭它的盒子里。"一旦人们屈从于被封闭在盒子里的实质特性的变化时,风格就会负载各种形象。如果电火"能够渗入小火球的室内(自身带电体的组织充满着这些小火球);如果电火能解开数量众多能吸收这种隐蔽的、秘密的和内在的火的小囊,并且聚合在一起,那么这些被释放出的、受震撼的、受挤压的、不受束缚的、相互有联系的、被猛烈摇晃的小火球将给电火传递来活动,力

---

① 芒仁神父:《关于电的新的有趣的问题》,1749 年,第 17、23、26 页。——原注

量,速度,疯狂,它将瓦解、粉碎、燃烧并摧毁复合体"。然而,这是不可能的,因为像树脂这类自身带电体把火封闭在它们的小盒子里,不可能接受传递来的电力。这就是对非导体特性所作的富有形象的喋喋不休的冗长说明。此外,这种否定某特性的解释是很有趣的。我们没有必要下结论。似乎这种结论会中断如此容易展开的遐想,因为这仅仅是一些同义词的堆砌。

当人们承认从带电人体冒出的电火会点燃烧酒时,这是一种真正的妙不可言。电火是一种真正的火!温克兰指出这是"一种如此不寻常的事"。因为事实上无法设想人体怎么能容下这种"火",又亮又热,还会燃烧,而无任何不合适之处!像温克兰那样思维精确、细致入微的人并没有对实体论公设提出疑问,而正是由于缺乏这种批判才产生了这个虚假的问题:"一种流体点不着任何东西,除非它包含着火的粒子。"[①]火从人体中出来,这是因为火原来就包含在人体内。有必要指出这种推论是多么容易被前科学的智者所接受吗?不知不觉中,他

---

① 温克兰:《论电的本质、因果》,法译本,巴黎,1748年,第139页。——原注

被前面几章所揭示的那些诱惑牵着鼻子走。唯一的秘密是火在外面点着了酒精,并从内部点燃组织。这种现实直觉的不连贯性并不会减缩火的现实。火的现实主义属于最不可摧毁的现实主义之一。

五

当热和火的创造体现在植物这类特殊实体时,它同样是十分令人惊讶的。现实主义的诱惑会导致一些奇特的信仰和实践。下面是培根①所列举的许多例子中的一个:"如果我们该相信某些关系的话,可在桑树树干上打几个洞,然后用一些热性的树,如笃乳香、乳香黄连木、愈疮木、刺柏等作插条,插入桑树洞里,那样,桑葚将会丰满,桑树也将是丰产的;这种结果我们可以把它归于这种额外的热量,它为树的浆汁和树的天生热增添强健的活力。"(《木林集》,第 456 页)在某些作者的作品中,对热

———

① 培根(1561—1626):英国政要,哲学家,实验方法的创始人之一。

的实体的有效性的信任是坚定的；但是，在极大多数情况下，这种信任变得淡薄，逐渐转化为隐喻和象征。为此，桂冠也遭贬：现在的月桂冠是绿纸做的。请看全盛时期的桂冠："古代把这种树奉献给太阳，以对地球的征服者加冕，这种树的树杈互相碰撞生火，就像狮子骨头那样。"现实主义的结论并不远了："月桂治愈头上的溃疡，抹去面部的雀斑。"头上戴桂冠，脑门多么亮堂！在我们的时代里，所有的价值都是一些隐喻，桂冠只能治愈溃烂的傲慢。

我们欲谅解所有一切天真的信任，因为我们仅取其隐喻的表达。我们忘却了它们同心理的现实是相一致的。然而，隐喻往往没有完全被非现实化，被非具体化。在某些纯抽象的定义中，仍带有一点具体的东西。对客观认识的精神分析应重新经历和完成非现实化。对火的问题上出现的谬误作出准确估量，正是由于这些隐喻（也许超过了其他一切），同某些具体的表述，同某些未经探讨的内在经历相联所造成的。

一些十分特殊的性质，对此，本该作专门的研究，却仅通过内在的火来解释。下例便是这种情况："我们在某些植物中所观察到的超乎寻常的力，

第五章 火的化学：虚假问题的历史

这些植物自身蕴藏着远比它们同类多的这种火。这样，有感觉力的植物对这类火的需要比其他植物或天然物更多，于是，我设想，当某种物体碰到这种植物时，这种植物会把自身的大部分火——植物的生命，传递给它，于是植物就病倒了，叶子和枝子就耷拉下来，直至它从周围空气中汲取新的火，恢复自己的生机为止。"有感觉的植物耗尽自身所给出的这种内在的火，对于精神分析学家来说具有另一种意义。它并不属于客观认识。没有任何东西能客观地说明无反应的有感觉植物和耗尽自身火的有感觉植物之间的比较。对客观认识的精神分析应当排除一切不是在专门客观实验中形成的科学信念。

人们在一切领域中无任何根据地重复火是生命的原则。这种说法由来已久。似乎，除了不适用于任何特殊情况以外，一般来讲，是令人信服的。这种应用越准确，它就越可笑。这样，有一位产科医生在长篇论述了胚胎的成长和羊膜水的用途后，公然声称水——这种三界养料的载液也许是由火赋予活力的。在这篇论文结尾处，我们可看到水火自然辩证法的纯粹例子："植物是贪婪类的产物，火正以这种贪婪设法同水相结合，水是火的名副其实的调节者。"①使用充满活力的火的实体直觉让人着迷,它使该文作者进一步"深化"了过分简单、过分明显地建立在阿基米德原理基础上的科学理论:"人们永不会抛弃那种荒谬的观点,认为水成蒸汽后上升到大气中,因为水蒸气比同体积的空气来得更轻吗?"大卫认为阿基米德原理基于一种贫乏的机械力;相反,正是火,这种"永不闲着的"液体的推动者,带动并使水升华,这是显而易见的。"火也许是这种活跃的原则,是这种从造物主那里接受一切能量的次要原因,圣经上这样写道:主的精神……"这就是使在羊膜水问题上进行思索的产科医生深为激动的奔放言语。

六

作为一种实体,火在最有价值的实体中必然是最歪曲客观判断的那一种。在许多方面,它的价值达到了黄金价值。黄金除了金属变化中的萌发作用和前科学药物中的医疗价值之外,它只剩下商业

---

① 大卫:《论营养和增长,附羊膜水的使用》,第290、292页。——原注

价值。往往,炼金术士赋予黄金某种价值,因为黄金是本原火的汇集地:"黄金的精华是整个火。"另外,一般来说,火——真正的价值变化无常者,从最形而上学的主要价值发展到最显著的实用性。基本的活力原则归纳了自然界的一切活动。十八世纪的一位炼金术士写道:"火……是一种干任何事情都不会徒劳的自然,它不会飘忽游移,若没有火,将一事无成。"①顺便指出,浪漫主义作家不会以另一种口气来谈感情的。只要参与一点就足够了;火只需表明自己在场就可以显示它的威力:"在量的方面,火总是微不足道的,而在质的方面,它总是第一位。"这种在数量上微不足道的行动是十分具有征兆性的。当这种行动在无客观证据的情况下作思考时——如这里的情况——这是因为微不足道的数量是通过威力的意志表现出来的。人们想要把化学的行动集中在喷射粉末上,把仇恨聚集在即刻致命的毒药上,把极致的、难言的爱寄于薄礼上。火在前科学的人的无意识中具有这一类作用:在某些宇宙学的幻梦中,火的原子足以使世界燃起大

---

① 《世界主义者或新的化学之光》附《哲学信札》,巴黎,1723年,第9、17页。——原注

火。一位对简易的想象提出批评的作者说:"我们已不处在用溶剂分子的细小和形状来解释某些溶剂的腐蚀性和作用的时代,当时,人们猜想分子是一些尖利的楔子,它们插入物体内,把各部分分开。"①随后又写道:"火是一种使万物富有活力的元素,一切全亏火才得以存在;火是生与死的原则,是存在与虚无的原则,火通过自身在行动,火自身包含着行动的力。"因此,似乎批判精神在火的内在伟力面前止步了,通过火来作阐明发展到了这样的深度,以致它能决定事物的存在与虚无,因此,也能贬低所有贫乏的机械论解释。在一切领域里,用火来阐明总是丰富的阐明。对客观认识的精神分析应当不断地揭露这种对于内在深度和丰富性的奢求。人们当然有权利批评这种想象的原子论的天真。还必须承认,这种原子论为客观讨论提供了机会,而求助于无感觉的火的伟力(正如某些溶剂的腐蚀性的例子),违背了进行客观实证的可能性。

火和生命的公式成为帕拉塞尔苏斯②体系的基础。帕拉塞尔苏斯认为火就是生命,含火的东西孕

---

① 雷尼耶:《论火和火的几种主要效应》,洛桑,1787年,第29、34页。——原注
② 帕拉塞尔苏斯(约1493—1541):瑞士炼金术士、医生。

育着生命的萌芽。在帕拉塞尔苏斯的门徒看来,共同的水银是可贵的,因为它含着十分完善的火和正如布尔哈夫①所说,一种天上的和隐藏的生命。应当把这种隐藏的火发动起来,用它来治疗和生育。尼古拉·德·洛克把火的全部价值建在火的内在性上。② 火可以是"内在的或外在的,外在的火是机械的火,具有腐蚀性、毁灭性,内在的火是精子的火,是生育的火和使之成熟的火"。为得到火的精华,要到火的渊源去寻找它的贮藏地——火在那里积蓄和聚集,即到矿物中去寻找。下面就是化学医学学派的最佳实证法:"造成生命的天火在动物身上是十分活跃的,它比在植物和矿物中更为散逸;因此,哲学家们一直致力于寻找重新得到这种火的手段,由于发现这种火不可能由存在于动物和植物身上的生命之火长时间地加以维持,哲学家们欲在金属中寻找它,在金属中,这种火更固定,不会燃烧,更收敛,行动也更温和,这样,把草留给了盖仑派③来做生菜,这圣火在生菜中就像火星一般。"

---

① 布尔哈夫:《化学元素》,第 2 卷,第 876 页。——原注
② 尼古拉·德·洛克:《有关混合体系的自然哲学常识》,巴黎,1665 年,第 36,47 页。——原注
③ 盖仑学说是中世纪的四体液病理学说。

总之，人们如此相信火的这种万能威力，以致很快得出这么一个辩证的结论：既然这种火消耗在动物身上，是因为它积蓄在矿物中。火在矿物中是隐藏的、内在的、实体的，因此是十分强大的。同样，沉默的爱被看作是忠诚的爱。

七

肯定潜藏伟力的这种强烈信念，不可能产生于人们在暖烘烘的壁炉前所感受到舒适的那种外在经验。还应当算上消化的伟大的内在信念，热汤的惬意，活血的白干那种益于健康的热辣。只要没有对饱食者作精神分析，人们就会缺乏必要的感情因素来理解现实主义必然性的心理。我们曾在别处详细阐述了消化神话为现实化学所带来的东西。在有关胃的热的感觉和人们对此作出的虚假的客观推论方面，可以举出无数的例子。这种感觉往往是健康和疾病的感觉原则。在有关轻微痛苦的感觉方面，医生的著作特别注意"热""燃素"，以及烧胃的干燥。每个作者都觉得自己必须根据自己的体系来解释这些热，因为如果不对涉及生命热的基本原则进行阐述，整个体系可能会失去全体价值。这样，赫凯在解释消化的火时同他的胃磨研理论结合起来，并提醒轮子摩擦是会起火的。因此，是将食物研碎过程中产生的必要热量"把食物煮熟"的。赫凯是位科学家，他不会相信某些解剖学者声称"见过火从鸟的胃部冒出"①。然而，他把这种说法放在重要位置，指出人在跳舞时吐出火来的形象是一种无意识的最好形象。胃遭受的种种磨难的理论可能会引起各种意见。人们可能寻找根据食物的热、冷、干热、湿热和清凉为之分类的所有隐喻的渊源。人们很容易证明对食物价值的科学研究受到了干扰，最初，这些干扰来自瞬间的和微不足道的印象中所形成的偏见。

因此，对于某些基本哲学直觉我们马上会提出一般体感的渊源。特别是，我们认为这种内在的、裹着的、被保存的和被拥有的热，即那种良好的消化，在无意识中肯定会在物质内部或如炼金术士所说在金属的肚里，存在着一种隐藏的和看不见的火。物质内部的这种火的理论确定一种特殊的唯

---

① 赫凯：《胃的消化和胃的疾病》，巴黎，1712年，第263页。——原注

物主义,应当创造一个词来称呼这种唯物主义,因为它在唯物主义和泛灵论之间代表着一种重要的、介乎二者之间的哲学流派。这种发热论同灵魂的物质化或赋予物质以生命是一致的,它是物质和生命之间的一种过渡形式。它是消化的物质吸收和无生命体动物化的无声意识。

倘若人们愿意引用有关消化的这种神话,那么就会清楚地体会到《世界主义者》中这句话的意义和分量,这句话由水银之口说出:"在我体内,我是火,我把火当作肉,它就是我的生命。"另一位炼金术士用一种不那么形象的语言表达出同样的意思:"火是一种元素,它在每个事物中心起作用。"[1]人们多么容易赋予这种说法以某种意义!实质上,称实体有内部,有中心,并不比称实体有肚子缺乏形象。谈论某种质量和倾向便等于谈论胃口。正如炼金术士那样,说这种内部是炉灶,在那里孕育着不可摧毁的火—原则,这种说法只是建立起以消化信念为中心的比喻的共同处。必须具有极大的客观性才能使热脱离它在其中表现出来的实体,才能把热

---

[1] 《世界主义者或新的化学之光》附《哲学信札》,第18页。——原注

变成一种过渡的质,一种能量,这种能量在任何一种情况下都不可能是潜伏的和隐藏的。

火的内在化不仅发扬了火的品德,而且还为最外在的矛盾作了准备。我们认为,这证明问题不在于客观特性,而是心理价值。人也许是本性自相矛盾的第一个自然之物。此外,这也正是人类活动正在改变着地球外观的道理。但是在这篇专题论文中,让我们只谈火的矛盾和谎言吧。由于火的内在化,人们便谈论不燃烧的火。若香·波勒曼在长期研究了硫之后写道:"这硫当然曾是一种烈火,外观上光芒夺目,它现在不再是外在的,而是内在的并且是不可燃的,它不再是外部发烫的火,而是在内部,并且正如过去它燃着所有一切可燃物,现在同样,它自身的伟力燃着看不见的疾病,硫在加工前外部发光,现在,它只对疾病或黑暗的精神发光,这些黑暗精神并非他物,只是死亡的阴暗之床的精神或特性……火把这些黑暗的精神转化为善的精神,就像人还健康时的那种精神。"[①]当读者读了这些文字后,应当自问这些说法中哪些是清楚的,哪些是晦涩的。然而,在波勒曼的阐述中,肯定在客观方

---

① 波勒曼:《哲学家的硫的秘密的医学新光》,第167页。——原注

面是晦涩的:一种了解化学、医学的科学精神将会感到难以对这些实验取个名。相反,从主观方面来讲,当人们作出努力求得合适的精神分析材料时,特别当人们将占有的感情情结和内在火的印象情结孤立时,波勒曼的这些话就得到阐明。这证明这些话主观上是一致的,而不是客观上的。我们觉得确定阐明轴线,不管是主观的还是客观的,都是对认识进行精神分析的第一步。如果在某种认识中,人的信念分量超过了人们能够阐述、教诲和证明的认识的分量,精神分析就成为必不可少的。科学家的心理应当成为明白无误的标准心理;科学家应当拒绝使自己的知识个人化;同时,他们应当尽力使自己的信念社会化。

八

在科学前的知识中,热的生理感觉被物化的最好证明,就是内热对确定热的种类提供了参考,而任何一个现代实验家都不可能区分这些类别。换句话讲,人体提供了炼金术艺术家们力图实现的火点。一位炼金术士说:"哲学家们根据动物的热的差异来区别热,并把这些热分为三种或四种,消化的热类似胃热,生殖的热类似子宫的热,凝固状的热类似精液的热,乳状的热类似乳房的热……胃热是胃里使之消化糜烂的热,是子宫里生育消化的热,在腰部、肝部、乳房和其他部位引起的灼人的渗入的热。"这样,内热的感觉以及对这种感觉的各种主观差异,直接体现在形容词的科学中,这正是一门科学遭到实体的与泛灵的障碍时出现的情况。

对人体进行参照这在很长时间里还是必不可少,甚至当科学精神已相当发达之时仍然如此。在人们制造第一批温度计时,为刻度而想到的固定点之一,首先是人体体温。此外,人们还看到当代医学所进行的反面的客观实验,它通过与身体现象的比较来确定体温。即使在相当精确的论述中,通俗知识是在相反的背景中阐述的。

九

但是,"正是这种良性的热滋养着我们的生命",正如十八世纪末的一位医生说的,当人们在热的模糊中,在它的综合中,没有任何定位地把热看成是生命的全部体现时,热就更具有代表性。沉闷的生命只是模糊的热。正是这种生命的火构成了隐藏的火——看不见的火,无火焰的火的概念基础。

于是,充满智慧的无限想象展开了。既然人们使显而易见的品质脱离了火的原则,既然火不再是黄色的火焰、通红的煤炭,既然火变成看不见的东西,它就能接纳各种各样的特性,各种不同的修饰词。可以硝镪水为例:它腐蚀铜和铁。它所隐藏的火——无热的火燃烧着金属而不留任何痕迹,就像无破绽的罪恶那样。于是这种简单而隐秘的行动,充满着无意识的想象,根据无意识的规则,用上了一连串的形容词:知之越少,使用的词越多。为形容硝镪水的火,特列维藏说这隐藏的火是"微妙的、气状的、消蚀的、连续的、环绕的、空间的、清澈的、纯净的、被禁锢的、不流动的、引发质变的、穿透的和活跃的"①。很明显,这些形容词并不是修饰一种物体,不是阐明一种感情,似是一种毁灭的

---

① 克洛赛·德·拉·奥默里:《古人哲学的最大奥秘》,巴黎,1722年,第299页。——原注

第五章 火的化学:虚假问题的历史

需要。

流体造成的灼伤使所有人感到奇妙。我多少次看到我的学生们对硫酸烧过的伤口感到惊讶。尽管有各种规则——或者从精神分析上说,正是由于这些规则——年轻的实验员的工作服上布满酸烧的洞眼。人们从思想上使酸的伟力倍增。从精神分析的观点看,摧毁的意志与酸具有的摧毁特性是成正比的。事实上,想到一种伟力,这不仅仅已经在使用它,并且已经在滥用它了。若没有这种滥用的意志力,伟力的意识将不会清楚。十七世纪末,一位意大利无名作者十分欣赏这种内在的发热能力,这种能力"存在于硝镪水中,存在于类似的精神里,它们在冬天燃烧,正如火在任何时间都能燃烧一样,这些精神具有如此效应,以致人们会觉得它们能摧毁整个自然,或使自然化为乌有"。把从报刊上(1937年3月4日,罗马)看到的这条新闻和评论同这位过去的意大利作者奇特的虚无主义作一番比较,也许是有趣的事。加布里埃尔·邓南遮有一段甚为令人费解的文字:"我变老了,又多病,因此想早点了结此生,在向拉古萨①发起攻击而死

---

① 拉古萨:意大利西西里岛城市名。

去,这对于我是不可能的。我讨厌裹在床单里死去,我想最后做一次发明。"报纸解释了这最后的发明是什么。"这位诗人决定,在他感觉到死亡临近时,把自己浸在浴盆中,死亡立即就会来临,并且马上把他的躯体消融。诗人自己发现了这种溶液的配方。"我们富有智慧的、哲理的想象力就是这样工作着的,它加剧一切力量,它在生命中、在死亡中寻找绝对。既然要死,既然有一天死亡必然会降临到最旺盛的生命中,那么就一起消逝、一起死去吧!由一种超火、超人的起火——它既无火焰也无灰烬——来熄灭我们的生命之火吧,这火把虚无带到存在的核心之中。当这火吞噬自己时,当伟力转而反对自身之时,存在似乎立即用它的所失来补充自己,摧毁的强度似乎是存在的最高证明,最清楚的证明。这种矛盾正是在存在的直觉的根源,推动价值的无限的转换。

十

当前科学的思想发现了一种观念,例如潜伏火的观念,在这种观念中,占主导地位的实践特性刚被抹掉时,这种思想变得极其容易:似乎从此它就可以公开地、科学地自相矛盾。作为无意识的法则,矛盾渗入前科学的知识中。让我们此刻就从一位自称具有批评精神的作者的作品中找出不加任何掩饰的矛盾。雷尼耶和夏特莱夫人都认为,火是膨胀的原则。正是通过膨胀,人们才得到客观尺度。但是,这并不妨碍雷尼耶设想火是一种收缩,收紧的伟力。他说,火让所有躯体的各种原则相协调;若没有火,这些原则将是不和谐的。因为"火一进入某种综合体,它就收缩在比它过去所占有的空间小得多的区域里"。因此,火既是收缩的原则,也是膨胀的原则,它既扩散又紧缩。这种理论在1787年传播开来,它的作者要避免长篇赘述,事实上,它的渊源甚为久远。炼金术士早已说过:"热是一种质,它把异质的东西分开,并烧煮异质物。"由于我们引述的这些作者之间并无任何接触,人们看到我们涉及了一种主观的自然直觉,它把绝对相反的东西任意调和在一起。

我们把这种矛盾看作典型,因为它涉及了几何特性。这种矛盾也许令人难以忍受。但是,倘若考虑到具有更模糊特性、更为沉闷的矛盾,那么很容易确信这种几何的矛盾和其他矛盾一样,与其说属于火的实体,不如说属于火的心理。我们要强调这些矛盾以说明对无意识来说,矛盾与其说是一种容忍,不如说是一种真正的需要。正是通过矛盾才最容易有独特性,独特是无意识的主要奢望之一。当这种对独特的需要见诸客观知识时,它就夸大现象的细节,体现细微差异,阐明事故成因,正如小说编造许多奇特事件来塑造主人公,塑造倔强性格时使用许多相互不连贯的事件。因此,尼古拉·洛克认为"这种上天的热,这种造成生命的火,在干燥的材料中,它是紧密的、呆傻的,在潮湿材料中是膨胀的,在热的材料中是十分活跃的,而在冷的材料中是冻结的和死气沉沉的"。这样,人们宁愿说火在冷质物体中是冻结的,而不愿承认火消亡。为了使火保持自身的价值,矛盾层出不穷。

让我们仔细研究一下文学家们冠以美名的一位作者吧!看一下夏特莱侯爵夫人的作品吧!作品开门见山:火是神秘的,又是人们熟悉的东西!"它不时逃脱我们的思想掌控,而又在我们自身之中。"因此,存在着一种火的内在性,它的功能是否定火的外观。人们总是与自己的外观不同。因此,夏特莱夫人明确地指出光和热是外貌而不是火的特性。由于这些形而上学的区别,我们远离不分青红皂白地赋予十八世纪实验家们的先入之见。夏特莱夫人进行了一系列实验来区别发光的和发热的东西。她提醒道,月光并不发热;即使用凸透镜使月光会聚起来,它也不会燃着。月亮是冰冷的。这些看法足以证实这种奇特的观点:"热对于最初的火并不是根本的。"夏特莱夫人从她的回忆录的第4页起就通过这种唯一的矛盾显示她具有独特而深刻的见解。正如她所说,她"以不凡的眼光"观察自然。对她来讲,一些初级的实验或天真的观察就可以确定火并不是像某些化学家所认为的那样是沉重的,而是具有向上的倾向。这些有争议的看法导致形而上学的原则。"火不仅不屈从于重力,而且是重力永久的对立面。这样,万物存在于自然中,存在于火对物体的作用所引起的膨胀和收缩中,以及物体通过重力和各部分的凝聚力所引起的与火的作用相对立的反作用中……说火是沉重的,等于毁掉自然,就是最终使火失去最基本的特性,即由于这种特性,火成为造物主的活力之一。"有必要指出实验和结论之间的不匹配吗?总之,我们觉得,如此容易找到一种相反规律来否定万有引力,这明显具有无意识活动的特征。无意识是大量雄辩术的要素,这种雄辩术常常用于自欺的辩论中,与以明确的交替为基础的、逻辑的和清晰的雄辩术很不一样。无意识以不规则的细节为借口，从而制造出互相对立的一般性：无意识的外表永远是一种例外的外表。

第六章 酒精：能点燃的水；潘趣酒：霍夫曼情结；自燃

一

现象学最明显的矛盾之一是随着发现酒精而产生的，酒精的发现是人类思想施展奇术的胜利。烧酒就是火水。是一种会烧烫舌头、遇着火星就燃烧的水。它不满足于像硝镪水那样消融、毁灭。它随着自身的燃烧而消亡。它是生命和火的融合。酒精还是一种立竿见影的食物，能使胸腔立刻发热；与酒精相比，肉类效果就是迟缓的。因此，显而易见，酒精是一种具有实体价值的东西。酒精通过小剂量也可体现自己的作用；它在浓缩度上超过最美味的肉汁。它遵循着现实主义占有的欲望规则：在小体积中容纳大能量。

由于烧酒能够燃烧，会使人眼花缭乱；由于它在胃里能使整个身体发热，它体现了内在和客观经验的汇聚。这种双重的现象学为一些情结作了准备,对客观知识的精神分析将解开这些情结以重新找回经验的自由。在这些情结中有一种十分特殊、十分强烈的情结,这可说是闭合圆圈的情结:当火焰在酒精上燃起,当火表现出自己时,当原始的火水由于发光并燃烧的火焰而更加丰富时,人们就把火水饮下。在世间一切物体中,唯有烧酒最接近火。

在我的童年时期,每逢冬天过节,家里人就做一种加糖燃烧而成的烧酒。父亲在一只大盘子里倒上用我们家种的葡萄榨酿成的烧酒。在盘子中央,他放上些碎糖块,糖罐里最大的糖块。随着火柴从顶部点燃糖块,蓝色火苗发出轻微的响声,蔓延至盘中的酒。母亲关了吊灯,神秘的、庄重的时刻来临了。圆桌四周是一张张亲切的脸,但顷刻间,铁青的脸又变得陌生起来。糖块不时发出吱吱的响声,然后软塌下来,细长的苍白火焰边上闪烁着黄色火苗。要是火乏下去,父亲就用铁勺在烧酒里搅动。铁勺就像魔具一样取下火的套子。于是,家里人开始"发表理论":火熄灭太晚,烧酒就会太温和了;而熄灭太早,"浓缩"的火就会太少,就会降低烧酒医治流感的良好功效。有人说,烧酒会燃烧到最后一滴；别人又说起朗姆酒会像火药桶那样爆炸起来，引起酿酒厂的大火。但谁也不曾见过这种爆炸。家里人想方设法要为这种罕见现象找到某种客观的、普遍的意义……终于，烧酒倒进了我的酒杯里：热而黏，真正成为了精华。因此，当维吉尼亚以调皮的口气把烧酒说成"十分和气、十分少见的小小试验者"时，我很理解他。当布尔哈夫说："在这项试验中，我觉得最愉快的事情是用火柴在远离盘子的地方燃起的火把盘子里的酒精点燃"时，我又是那么理解他。是的，这是真正的活动的火，是在存在表面嬉戏的火，它与自身的实体玩耍，摆脱了它自身的实体，摆脱了自身。这是在家庭聚会的中心被驯服了的疯癫的火，恶魔般的火。既观看了火景，又品尝了酒味，这些印象是不可磨灭的。从眼前令人陶醉的景象到暖烘烘的肠胃，一种波德莱尔式的沟通建立起来，由于这种沟通更为物质化，因而它更为牢固。喝杯热茶的体验，对于一个喝烧酒的人来说，该是多么微不足道，多么寒冷，又多么幽暗！

　　缺少这种顷刻间产生于火焰的、又甜又热的烧酒的体验，人们就难以理解潘趣酒的浪漫价值，人们缺乏判断手段研究某些虚幻的诗歌。例如，霍夫曼的作品,"幻想家作者"的作品的典型特征之一,是火的现象在这些作品中的重要地位。火的诗歌贯穿整个作品。特别是潘趣酒的情结在这些作品中如此明显,以至我们可以把它叫作霍夫曼情结。肤浅的观察可能会认为潘趣酒是用来讲故事的话题,是用来欢度节日之夜的。例如,《安东尼之歌》的动人故事就是在冬夜里讲的,"人们围着独脚小圆桌,桌上燃着满盆友谊的潘趣酒",但是,这种引起人们幻想的情景仅是故事的节奏而已,它不是故事的组成部分。尽管如此动人的故事同火造成的气氛连在一起使人极为感动,而在其他情况下,火的这种象征就成为了故事不可分割的部分。磷和百合花之恋为火的诗歌增添色彩(第三个讲故事之夜),"欲望在你整个存在之中发挥出有益的热,不久,它在你心中扎入了无数尖利的刺:因为……我在你身上播下火星,燃起最高的肉欲快感,它是一种无法治愈的痛苦,将使你遭灭顶之灾,为了在陌生的形式下重新萌芽滋生。这个火星就是思想!——'天哪!'花朵用抱怨的口气叹息道,'现在我全身都是热情,难道我不能属于你?'"在这个故事中,当妖法把大学生昂斯姆带回到可怜的凡洛尼克身边时,这魔法也就告终了,只剩下"在大锅底下燃着的酒的精神微火"。再往后,林道尔斯特——棕红色的蒸汽从潘趣酒盆进去又出来。火焰此起彼伏把蒸气吞没又将它映照出来。巫婆和棕红色蒸汽之争是一切火焰之争,蛇从潘趣酒盘里游出。疯狂和陶醉,理智和享受久久交融在一起。在故事中时时有位心地善良的资产者出现,他想弄明白并想对大学生说,"这被咒的潘趣酒怎么会上头,并使我们做出各种各样的放肆行为?"就像那位保尔曼教授第二天走进房间里看到破瓶子狼藉一地、倒霉的假发乱成一团泡在潘趣酒盘里的时候所说的那样。这样,理性化的解释,资产者的解释,用承认酒醉作解释,使虚幻的视觉变得淡薄了,以致故事在理性和梦幻之间,在主观经验和客观视觉中展开,起因合乎情理,后果又并非现实。

在《霍夫曼作品中神奇的泉源》一书中,舒歇对酒精的体验只字未提,然而他意外地指出:"至于霍夫曼,他只是在潘趣酒的火焰中见到了一点棕红色蒸汽。"(第92页)但是,我们觉得,他并未从中得出必然的结论。如果一方面,当幽灵来到人间节日之中使人胆战心惊时,霍夫曼只在冬日夜晚燃烧的潘趣酒中看到棕红色蒸汽,如果另一方面,火的妖魔在霍夫曼式的想象中起着重要作用——这是显而易见的,那就必须承认,不合常情的酒精的火是最初的灵感,而且霍夫曼整个构思都在这种光亮中被照明。因此,我们觉得舒歇所作的聪明而精细的研究似乎缺乏一种重要的解释成分。我们不应当急于求教于理性的建造者来理解奇特的文学天才。无意识本身也是一种独特的因素。尤其是酒精的无意识只是一种深刻的实在。若认为酒精仅仅是激发起精神的可能性那就错了。酒精确实创造这些可能性。酒精与为表达而作出的努力凝为一体。很明显,酒精是言语的因素。它让人打开滔滔不绝的话匣子。事实上,在重新谈到火的问题时,精神病学承认在酒精造成的狂乱中,火的幻想频繁出现,精神病学指出小人国的错觉是在酒精的刺激下造成的。然而,追求小型的幻想正是追求深度和稳定的幻想;正是幻想最终为理性思想作了最好的准备。巴苏是位善良的神,他在让理性不受约束地发展的同时,阻止了逻辑的僵硬,为理性的创造作了准备。

12月31日夜里,让·保尔写的以下文字也十分富有代表性,这段文字已经明显带有霍夫曼色彩,诗人和他的四个朋友围着潘趣酒的苍白色火苗,心血来潮地想相互看到别人死去:"这就像死神的手把血从所有人的脸上挤出来；嘴唇变得毫无血色，雪白的手伸着，房间变成了停尸房……月亮悬空，风静悄悄地撕裂着、抽打着云，在自由的天空中，透过云朵之间的空隙可看到一片无比深远的黑暗。万籁俱寂，年华似在挣扎、咽气并堕入过去的坟墓中。哦，时光天使，你计算过人类的叹息和眼泪，忘却它们吧，或是把它们掩盖起来！谁能忍受它们呢？"[①]要使想象倾向于这边或那边，无须花费大力气！在某节日中，诗人手上拿着杯子与伙伴们聚集在一起。从潘趣酒里升起的微弱的青光使最富有朝气的歌也蒙上了阴郁的色彩：突然，稍纵即逝的火的悲观色彩改变了想象，即将熄灭的火焰象征着正在逝去的年华，时光——苦难的所在，沉重地压在心头。若人们向我们再次指出，让·保尔的潘趣酒仅是虚幻的理想主义的借口，只是比诺瓦利斯的魔幻般的理想主义更加物质一点罢了，那么人们就应当承认这种借口在读者的无意识中得到了一种善意的发展。我们觉得，这就证明了对十分有价值的事物的注视激起想象，这些想象的发展与感

---

① 阿尔贝特·贝甘引自《浪漫主义灵魂和幻梦》，1937年，2卷本，第2部，第62页。——原注

性经验同样正常、同样重要。

思想越浅薄,诗歌的韵律越做作,然而始终颂着基本主题。奥内迪地在《火的初夜和火焰》中歌颂道:

> 铁罐放在大厅中央,
> 地狱的高脚杯亦不过如此,
> 潘趣酒之火在罐中闪烁着棱镜之光,
> 如同一池硫化物湖水的起伏波浪。
>
> 阴沉的工坊,只有一束光芒,
> 潘趣酒之火是精神的海市蜃楼,
> 那纯净的莪相精神的光环上,
> 从头到昏暗的前额……

诗很蹩脚,可是诗句中描写的满是烧酒的传统,在无诗意的诗句中表现了霍夫曼情结,它把智慧的思想安在纯真的印象上。在诗人看来,硫和磷造成了火焰的棱镜色彩。在这种不洁的欢庆中,地狱出现在眼前。如果说,在这些章节中,面对火焰缺乏想象的价值,那么这些章节的诗意价值也不可能存在。读者的无意识弥补了诗人的无意识的不足之处。奥内迪的诗句只是靠潘趣酒的火焰"对我相诗歌的模仿"才站住脚。这些诗句使我回想起这样一个时代:法国青年浪漫派聚在潘趣酒杯周围,吉卜赛的生活,正如亨利·穆杰所说,被"热情的烧酒"照得通明。

当然,这个时代似乎一去不复返了。现在,烧酒和潘趣酒已失去价值了。戒酒主义发起宣传运动,制止这一类的试验。我们觉得,不能因此否认魔幻文学作品的整个是同烈酒造成的诗意冲动有关。若人们想理解文学构成的心理意义,那么就不应当忘记具体和准确的基础。主题思想将逐个准确地得以发挥而不至于过快地被淹没在概论中。若我们这项工作能起什么作用的话,那它应当对客观论的分类有所昭示,这种分类又将为诗的气质进行分类。我们虽不能建立起一种整体的理论,但是我们觉得在物的四种元素学说和金属的四种元素学说之间存在着某种关系。不管怎样,通过火的形式,通过空气的形式,通过土的形式进行幻想的心灵是十分不同的。特别是水和火在遐想中依然是对立的,聆听小溪流水的人难以理解侧耳细听火焰噼啪声的人:他们使用的不是同一种语言。

当人们概略地展开遐想的这种物理或是这种

化学时,就会很容易实现诗的气质的四重价值学说。事实上,遐想的四重价值与碳的化学四重价值同样清楚、同样具有生产力。遐想有四种领域、四种尖端,它通过这些尖端在无边的空间飞翔。要识破一个诗人的秘密,一个真正的诗人,一个诚恳的诗人,一个忠于自己原始语言的诗人,而对想要操纵各种观念的敏感折中主义之不和谐韵律充耳不闻,只需一句话就足够了:"告诉我,你的精灵是什么?是地精蝾螈①、水精还是气精?"然而,人们发现这一点了吗?所有这些想象出来的存在全是由同一种物质构成和哺育成的:浓缩的大地的精灵生活在岩石的缝隙中,它守护着矿物和黄金,饱食着压缩实体;浑身是火的蝾螈在自身的火焰中吞食自己。水的精灵静静地溜进水塘,以食自己的倒影为生;气精只要稍有一点物质的东西就会体重增加,稍有一点酒气就会使它恼怒,也许它对抽烟的人生气,他"玷污了它的元素"(霍夫曼语),气精轻盈地升到蓝天,因为不食不喝而自鸣得意。

然而,不应当把这样一种诗的灵感的分类与多少带有唯物色彩的假设联结起来,这种假设自认为

---

① 蝾螈:中世纪传说中一种能生活在火中的动物。

第六章 酒精:能点燃的水;潘趣酒;霍夫曼情结;自燃

在人的肉体中再次找到了一种占统治地位的物质元素。这里说的根本不是物质而是方向;根本不是实体根源,而是倾向,是发扬。而引导心理倾向的是原始形象;是景象和形象,它们在瞬间赋予缺乏兴趣之物以兴趣,一种对物的兴趣。数种想象力就汇聚在一种有价值的形象上;这正如阿尔芒·贝梯让所说,"想象力通过窄门超越了我们,使我们面对世界"。阿尔芒·贝梯让曾精辟地加以分析的①转化似乎是通过某种受偏爱的形象的语言所初步表达的整体形象来进行准备的。如果在有关这种想象的两极分化理论上我们是有道理的话,我们就会更明白为什么两种似乎同出一辙的思想——例如霍夫曼和埃德加·坡——最终表现得如此不同。两者在他们超人的、非人的、天才的使命中都大大得助于强劲有力的酒精。然而,霍夫曼的酗酒似乎同埃德加·坡的情况十分不同。霍夫曼的酒精是燃烧的酒精;它以火的质量、火的雄性标记为特征。坡的酒精是淹没、带来遗忘和死亡的酒精;它是以水的数量标记、水的雌性标志为特征的。埃德加·

---

① 阿尔芒·贝梯让:《想象和现实》,巴黎,1936年,巴桑。——原注

坡的天才是同沉睡的水、同死水、同《厄舍府》倒映在其中的水塘联系起来的。他聆听着随"含鸦片的、阴暗而潮湿的蒸汽而起伏的波浪声,这蒸汽缓慢地、一滴又一滴地……在包罗万象的山谷中蒸馏出来",而"湖泊似乎在品味着有意识的睡眠"(马拉美译:《沉睡者》)。他认为山脉和城市"永远沉入无边无际的海洋"。在沼泽地附近,在凄凉的水潭、池塘旁边居住着吃人肉、喝人血的女鬼。在每个最可疑处,在最忧伤的僻静处,他都重新发现"对遥远往事的模糊回忆,当这些女鬼从漫步者身边经过时,她们成为被淹没的、消逝的、呻吟着的形象"(《沉思的大地》)。若他想到火山,正是为看到火山岩浆像江水那样翻滚,"我的心像火山,就像岩浆汇成的河流一样"。他的想象在其中两极化的元素是水或无花的不毛之地,而不是火。若人们读了玛丽·波拿巴夫人的那部杰作的话①,就会从精神分析的角度对此更加确信无疑。在这本书中,读者会看到火的象征很少出现,除了用作引出相反的元素水(第350页)。火焰的象征只是根据斥力的方式才起作用,就像一种粗俗的性的形象,人们面对这种形象敲起

---

① 玛丽·波拿巴:《埃德加·坡》,巴黎,巴桑。——原注

了警钟(第 232 页)。烟囱的象征(第 566、567、599 页)犹如冰冷的阴道的象征主义一样,凶手们把他们的受害者推向那里,并且囚禁在那里。埃德加·坡是一个真正的"无家可归者",一个流浪喜剧演员的孩子,一个惊恐万分的孩子,他看到年轻的母亲微笑着、直挺挺地躺着死去。酒精并没有使他得到温暖,得到安慰和快活! 坡并没有人间的火焰那样拉着快乐伙伴之手围绕着潘趣酒跳起舞来。任何一种在对火的爱之中形成的情结都未能支撑他、启迪他。只有水为他打开视野,赋予他无限,显示他所遭受的无比苦难,应当再写一本书来确定朦胧的微光的诗,确定惶惶不安的诗,它使夜的呻吟在我们心中发生共鸣,让我们惊恐不安。

二

我们刚才已看到诗的精神整个屈从于受偏爱形象的诱惑;我们看到这种精神扩大了所有的可能性,根据小的模式来设想大模式,用烧酒来设想地狱。现在,我们要指出,前科学的精神在其原始的冲动中不外以同样的方式进行思想,这种精神也以无意识滥加夸大的方式扩大伟力。酒精从它所产生的效果的角度被描绘得如此可怕，以致我们在被描写的现象中不难看到观众们的说教的意志。十九世纪反酗酒在有关进化论的观点上发展起来，把一切责任全归于酗酒者。而我们看到，在十八世纪，反酗酒是在当时占主导地位的实体主题上发展起来的。谴责的意志总是运用现成的武器。更笼统地说，除了习惯的说教以外，我们还将看到初涉客观知识时实体论和泛灵论障碍的死气沉沉的实例。

由于酒精是一种易燃物，人们很容易设想，视酒精饮料如命的人，在某种程度上变成浸透可燃物质的人。我们并不想弄明白吸收酒精是否会改变酒精。主导文化及一切物质工作的阿巴贡情结使我们相信在我们吸入的东西中不会丢失任何东西，并且一切珍贵的实体都得到很好的储存，油脂提供脂肪，磷使骨增长，血会造血，酒精制造酒精。特别是无意识不可能承认像可燃性这样一种如此富有特征的、如此美妙的品质会完全消失。结论是：喝下酒精的人会像酒精那样燃烧。实体论的信念如此强烈，以致本可作出更正常更多样解释的事实（当然是数得清的）在整个十八世纪是公众必然盲从的信念。下面援引声名显赫的作家索凯在1801

年发表的《论热》一书中的几段文字。顺便说明，所有这些例证均援引自启蒙运动时期。

"在哥本哈根的档案中记载着这样一件事：1692年，一位平民妇女以饮过量含酒精饮料为生，一天早晨，人们发现她除了手指关节和脑壳以外全被燃尽……

"伦敦1763年《年鉴》（第78页）提供了一个例证，一位五十多岁的妇女经常喝得酩酊大醉，一年多以来，她每天喝下一品脱朗姆酒或烧酒，人们发现她几乎被化成灰烬，躺在壁炉和床之间，而铺盖和床都没有大损坏，这是值得注意的。"这最后一点清楚地表明直觉在这种内在的实体的燃烧的假设中得到满足，这种燃烧在某种程度上善于识别自身偏爱的燃料。

"在《方法百科》中（"女人的病理解剖"条目），一位50岁左右的妇女连续狂饮含酒精饮料，在不长的时间里便被烧尽。维克·达济尔举出此例，不仅没有提出疑义，反而认为类似的例子是很多的。

"伦敦皇家协会回忆录提供的事例也同样惊人……一天早晨，一位60岁的妇女被人发现已烧成灰烬，据说她头一天晚上喝了许多含酒精饮料。家具并无多损失，壁炉的火全部熄灭。许多人亲眼目睹这件事……"

《论自燃》一书中,勒卡列举了好几个这一类人燃烧的事例。皮埃尔·艾梅·莱尔在《论人燃烧》中也举出过类似的例证。

让·亨利·戈奥森在《燃烧的磷之新光》中叙述道:"在博娜·斯福尔扎女王时代,一位绅士喝了大量烧酒,后来吐出火来并被烧死。"(第92页)

德国历代同日大事记有记载:"在南部地区,往往可以看到从那些喝了大量烈性酒的人的胃里冒出火来。17年前,三位库尔兰绅士——我不泄露他们的名字——比赛喝烈酒,其中两人被胃里冒出的火烧死。"

雅拉贝尔是一位被看作为电现象技术人员的作家,他在1749年列举类似的"事实"说明人体产生电火。一位患关节炎的妇女长期使用含樟脑的酒精擦关节。一天早上,人们发现她被烧焦了。在这个事件中,并无任何可能猜疑是天火或普通的火造成的。"这件事只能归于人体最容易释放硫的部分由于摩擦而受到强烈震动并且同含樟脑酒精的最灵活的粒子混合在一起造成的。"[1]另一位作者莫

---

[1] 雅拉贝尔:《电的试验,附因果关系推想》,巴黎,1749年,第293页。——原注

蒂默指出："我相信，那些经常喝大量含酒精饮料或是用含樟脑酒精涂擦的人有触电的危险。"①

人们认为，在人体内，酒精实体如此高度集中，以致造成自燃，而醉鬼不需用火柴点燃就可自焚。1766年，布封的对手彭赛列神甫还说过："作为生命之原则的热，它开始并维持着动物组织活动。但是，当热达到火的程度，它就会造成奇特的祸害。人们不是看到：一些醉汉由于习惯喝过量的烈性饮料使体内含有超量的灼热的醇，他们突然间燃烧起来，被自燃而烧死了吗？"因此，由于酗酒造成的燃烧仅是热量不正常集中中的特殊情况。

一些作家甚至谈到爆炸问题。一位能干的烧酒酿制者——味觉、嗅觉化学的创始人指出过酒精的危险："酒精不放过肌肉、神经、淋巴、血液，它燃着了这些部位，致使发生突然的瞬间的爆炸，使过量饮用者丧生。"②

至十九世纪，这些自燃——对酗酒者的可怕惩处——几乎完全消失。自燃逐渐变成隐喻，成为拿酒鬼的红脸、火柴能点着的酒糟鼻子来开玩笑的把

---

① 马梯纳：《论热》，1751年译本，巴黎，第350页。——原注
② 《味觉和嗅觉化学或简合成酒精饮料和有味水》，作者不详，巴黎，1755年，第Ⅴ页。——原注

柄。这些笑话立即让人心领神会,可见科学思想在语言中存在已久。这种思想在文学作品中也源远流长。巴尔扎克谨慎地通过一个泼妇之口加以引证。在《邦斯舅舅》中,茜博太太——卖牡蛎的美人,以有毛病的语言说道:"这个女人没办法救活她男人,他什么都喝,是被内热烧死的。"①

而左拉在他的最富智慧的《巴斯加医生》一书中讲述过人的自燃:"衣服上的窟窿眼足有100苏的硬币那么大,透过它可看见裸露的大腿,红红的,从那里冒出一股蓝色小火。起初,弗利西特以为是内衣、内裤、衬衣燃着了。但是这种怀疑没有根据,他看得很清楚,蓝色小火从光滑的肉体里面冒出来,那是轻盈、悠悠点燃着的酒精盆表面上游移的火。火苗并不比煤油灯的火更高,是柔和而无声息的,它很不稳定,空气稍一颤动就会使它移动。"②显然,左拉通过事实所讲述的是他面对潘趣酒杯所产生的幻想,即他的霍夫曼情结。我们在前面着重描述的实体的直觉得到了巧妙的显现,"弗利西特知道他叔叔红光满面,像一块浸透烧酒的海绵一样。

---

① 巴尔扎克:《邦斯舅舅》,卡尔玛·列维出版社,第172页。——原注

② 左拉:《巴斯加医生》,第227页。——原注

多年以来,他喝足了最烈性、最易燃的饮料。过了一会儿,他定会从头至脚烧起来"。人们更乐意想象食物被吸收是一种细致的集中,一种对所喜爱物质的贪婪的资本化……

次日,当巴斯加医生前来看望马卡尔大叔时,他所看到的,正如我们所讲述的前科学的故事那样,只存下一撮细微的灰烬:洒落在还没被熏黑的椅子前。左拉又说:"他什么也没留下,没有骨头,没有牙,没有指甲,只有这堆灰色的灰烬,大门的过堂风会把它吹得干干净净。"最终出现了通过火来实现最高荣耀的秘密愿望。左拉听到了完全的、内心的焚尸堆的呼唤;他在小说家的无意识中认出了恩培多克勒情结的十分明显的迹象:马卡尔大叔死去了,"就像醉汉王子那样冠冕堂皇,自己燃烧起来,而他的躯体在燃着熊熊大火的焚尸堆上燃尽……自己燃烧起来就像圣·约翰的火!"左拉在何处看到似灼热的情欲那样自己燃烧起来的圣·约翰之火?如何更明确地承认客观隐喻的意思被颠倒,并在最内在的无意识中,人们找到了能从里面燃尽有生命躯体的灼热火焰的灵感的呢?

这样一段从头至尾想象出来的故事出自一位自然主义作家之口就尤为严重,他谦逊地说:"我只是个科学家。"这就使人们设想左拉以最纯真的遐想构造了他的科学形象,他的遗传理论服从于对某种过去的简单直觉,这种过去记录在物质之中,它的形式无疑十分缺乏实体性、缺乏现实性,就像酒精在体内的集中、火在奋激的内心中集中一样。

这样,讲故事的人、医生、物理学家、小说家都成了遐想者,他们从同样的形象出发,趋向于同一种思想。霍夫曼把他们联结在最初的形象上,联结在童年的回忆上。他们根据自己的气质,听从于各自的"幽灵",丰富着被注视物的主观面与客观面。他们把从烧酒里冒出来的火焰变成火人或实体性喷射。不管怎么说,他们使被注视物增值;他们倾注了全部的热情去解释一束火焰;他们献出全部身心与那使他们着迷、因而引他们上当的景象"沟通"。

第七章 理想化的火:火与纯洁

一

马克斯·舍勒指出:正如经典的精神分析加以发挥的那样,在升华的理论中存在着过分之处。这种理论与实用的学说受同一种灵感的启迪,这种实用学说是进化论阐述的基础。"自然主义的道德总是把内核同外壳混为一谈。当看到渴望神圣的人为了向自己与他人解释他们对于精神的、神圣的事物的热情,而使用并不适于表达如此稀有之物的语言词汇,使用一些来自纯肉欲爱情的形象、隐喻、比喻时,人们不禁会说:这只是一种遮掩、伪装或经过精心提炼的性的诱惑。"① 马克斯·舍勒深刻地通过

---

① 马克斯·舍勒:《同情的本质和形式》,法译本,第270页。——原注

禁止在蓝天中生活的渊源揭示这种养分。然而，如果诗的升华，尤其是浪漫主义的升华，与强烈的感情生活保持接触的话，人们正是在反对强烈感情的心灵之中能够找到另一种类型的升华，我们把它叫作辩证的升华，以区别于经典的精神分析唯一研究的连续的升华。

对于这种辩证的升华，人们会指出心理的能量是同质的、有限的。人们不能使它从它的正常生物功能中脱离出来。人们会指出：彻底的转变可能在原本的性行为中留下空白、真空、混乱。我们觉得这样一种唯物的直觉似乎曾经与神经器官有过接触，经典的感情的精神分析正是建立在这种神经器官上的。事实上，在涉及我们的方面，由于在客观知识活动中采用了精神分析的方法，我们能得出这样的结论：压抑是一种正常的活动，一种有用的活动，甚至是一种快活的活动。无压抑就是无科学思想。压抑是专注的、深思熟虑的、抽象思想的渊源。任何一种连贯的思想都建立在抑止的、牢固的、清晰的体系基础上。在文化的快活深处有一种僵硬的快活。正是由于压抑是快活的，它才是有力的和有用的。

为了替压抑正名，我们主张把有用与快乐颠倒过来。与此同时，特别强调快活对于必然的优势。我们认为，真正的奥秘解说疗法并不在于使受压抑的倾向得到解脱，而在于用有意识的压抑、持久的振作意志代替无意识的压抑。这种转化在纠正某种客观的、理性的谬误过程中是显而易见的。在对客观知识进行精神分析之前，科学的谬误卷入某种哲学观点之中，它抵制还原。例如，坚持用实体的方式，按照现实主义的哲学解释现象的特性。在对客观知识进行精神分析之后，谬误得到公认，然而仍是论战的话题。在对客观的谬误进行忏悔的过程中有多少快乐啊！承认自己错了，就等于对自己的精神敏锐性赞不绝口，就等于重新经历自己的文化，加强它，用聚合光线阐明它。这也就是使它外在化，公开化，并用它教诲他人。这就产生了精神的最纯洁的享受。

但是，当客观认识是主观的客观认识时，当我们在内心发现全人类的天地时，当我们对自身的研究进行正当的精神分析之后，把道德法则纳入了心理规律中时，这种享受会是何等的强烈！于是，燃烧着我们的火突然照亮了我们。偶然产生的激情变成心甘情愿的激情。爱变成家，火变成灶。而这种正常化、社会化、理性化，往往与它们累赘的新词义一起被视作为冷却,很容易受到那些赞成混乱的、自发的、完全由原始本能所推动的爱情的拥护者们的讥笑。但由谁来使之脱俗呢?纯洁化是离奇的温和,纯洁的意识发出奇特的光芒。只有纯洁化能使我们把深沉的爱的忠诚变得辩证,而又不损坏它。尽管纯洁化舍弃了大量的物质和火,但它比自然的冲动具有更多的可能性,而不是更少的可能性。只有纯化了的爱情才能寻求到感情。纯化的爱情是个体化的。它能使人从独特过渡到特点。诺瓦利斯说:"当然,一位不相识的情人具有使人着魔的迷人之处,然而追求不可知、不可测的东西是极其危险和有害的。"对稳定的需求在情欲中尤为如此,超过了对奇遇的追求。

但我们在此不可能长篇大论地发挥这种辩证的升华论点,在明显系统的压抑中,这种论点洋洋自得。对我们来说,只需在总体上加以指明就足够了。当本书在研究某个确切问题时,我们就看到这种论点在起作用。这项特殊研究的简易性将是一种证明,它证明对火的认识问题是一个名副其实的心理结构问题。本书将作为一系列介于二者之间——介于主体与客体之间——研究的样品,这些研究可能用以表明对于客体的某些思索在精神生

第七章 理想化的火:火与纯洁

活中所产生的根本影响。

二

如果说对火的心理问题如此容易作出辩证的升华解释,那是因为火的特性显示出许多矛盾之处,这一点我们曾在前面多次指出过。

为了直接涉及本质问题并指出升华的两个中心的可能性,让我们来研究一下归属于火的纯与不纯的辩证法。

火有时标志着罪和恶,这很容易理解,只要回想一下有关性化的火的论述就够了。任何反对性冲动的斗争大体都是由反对火的斗争作象征的。人们很容易列举出火公开或隐蔽地起着恶魔作用的文章。文学作品所描写的地狱,雕刻、绘画中吐着火舌的魔鬼都会使人们去进行十分明确的精神分析。

让我们从另一端来看看火是怎么变成纯洁的象征的。为此,我们应当深入到纯属现象的特性中去。这就是我们在这部作品中所采用的方式的代价,我们必须使所有的想法都能以客观事实为依据。我们在此尤其不会提及火的纯洁化所产生的神学问题。要阐述这个问题必须进行长期研究。只需指出,问题的关键在于隐喻和现实的接触:最后审判时燃遍世界的火、地狱的火,它们与尘世间的火相似还是不相似?两方面倾向的文章很多,因为地狱之火与尘世之火性质相同,是物质之火,这并不可信。这种看法上的多样性都表明了围绕着火的最初形象有极其丰富多彩的隐喻,所有这些装饰着"我们的兄弟——火"的神学道理之花值得我们进行细致的分类。对于我们来说,我们的使命在于确定诗歌和道德形象的客观根源,我们应当单纯寻找原则的感情基础,这种原则认为火使一切变得纯洁。

从这个意义上讲,火的增值的最重要原因之一也许是除臭。无论如何,这是纯洁化的最直接的证明之一。味道是一种原始的、专横的品质,它以最虚伪的或是说最令人讨厌的在场强加给人。火使一切变得纯洁,因为它去除了令人作呕的味道。在此,愉快优于有用,我们不能同意弗雷泽的解释,他认为煮熟的食物给部落的人更大的力气,由于他们掌握了煮食物的火,因而能更好地消化经过加工的食物,他们变得更强壮,能对其他部落实行统治。

第七章 理想化的火:火与纯洁

在这种实际的、物化的、来自于更容易消化吸收的力量之前,首先是想象出来的,由福利、存在的内在的欢庆意识所产生的,由有意识的快乐所产生的力量。煮熟的肉首先意味着战胜了腐烂。它配上发酵的饮料成为宴请的原则,即原始社会的原则。

火出于它的除臭功能,似乎在传递某种最神秘、最不可捉摸,因而也是最使人吃惊的价值。实体品德的思想的现象学基础所构成的正是这种感觉价值。原始的心理应当让位于嗅觉的心理现象。

火的纯洁化原则的第二个理由,即更具智慧的,因而在心理上也更无效的理由,是火分离材料并摧毁物质的不纯性。换言之,经过火冶炼的东西在同一性,因而在纯洁性上取胜了。矿物的熔炼提供了许多隐喻,它们都属于同一种增值性的。然而这种熔炼仍然是一些例外的试验,一些科学性的试验对于用稀有的现象丰富自己头脑的读书人的想象力会产生很大影响,而对于追求原始形象的天然想象影响甚微。

最后,当然应当把这种深化休闲田地的田间野火与这些熔解的火联系起来。这种净化作用确实被看作是十分深刻的。火不仅烧掉了野草,还肥沃了田地。还需重提在农民心灵中仍然十分起作用的纯真的想法吗?"用火燃烧不毛之地,向噼啪作响的火中添茅草,这是好办法:或者火把隐蔽的品德,把丰富的精髓传递给了土地;或者火净化土地,把过多的潮气驱走;或者火打开了向新种植物根部输送浆汁的田地的孔道;或者火使土质紧密,使田地里过分敞开的孔道收缩,以防止过多的雨水渗入,灼热的阳光与波雷①的寒风。"②各种各样的、往往是相互矛盾的解释始终包含着未经研讨的原始价值。但是,增值在此是模棱两可的:它把取消恶果和产生善行的思想汇聚在一起。因此,它极易使我们理解客观净化的准确辩证法。

三

现在来看一看火纯净的区域。这似乎在火的极限处,在火苗的顶端,火的颜色让位于几乎看不到的颤动。于是,火成为非物质的、非实在的东西,

---

① 波雷:北风之神。
② 维吉尔:《农事诗》,第Ⅰ集,诗句84及随后部分。——原注

第七章 理想化的火:火与纯洁

它成为精神了。

另一方面,火的思想之净化所以变得缓慢,是因为火留下了灰烬。灰烬往往被看成是真正的粪便。因此,皮埃尔·法布尔认为,炼金术在人类的早期社会里是"很有势力的,因为它的自然之火是强大的……因此,那时人们所见的一切东西持续的时间比现在所见来得久,因为这种自然之火被它无法抛弃的大量排泄物削弱了,这些排泄物使自然之火在无限的特殊个体中完全熄灭"[1]。由此,必须更新火,重新回归到最初的火,即纯净的火。

反之,当人们猜测到火的不纯,就会想方设法挖掘它的残余物。因此人们认为血的正常的火是特别纯洁的:在血液中"存在着富有活力的火,由于这火的存在,人才活着。因此,这火总是最后受腐蚀。当火终于受到腐蚀时,那只不过是人死之后的片刻"[2]。但是,发烧却表示血液中火的不纯,它是不纯的硫的标志。因此,发烧使"呼吸道,特别是舌

---

[1] 皮埃尔·法布尔:《化学秘密概论》,第 6 页。——原注
[2] 德·马隆:《人类血液的保存者》,巴黎,1767 年,第 135 页。——原注

与唇变成煤烟色就不足为怪了"①。在此,我们看到涉及火的这类基本问题时,这种隐喻对于纯真的头脑来说具有何等说服力。

同一位作者阐述了发烧的理论,他把纯火和不纯火的区别作为不容置疑的事实那样当作依据。"自然具有两种火:一种是纯净硫引发的火,这种火与一切尘世间的粗劣物相分离,如酒的精神的火,闪电的火等,另一种是由粗糙的、不纯的硫引起的火,因为这硫中混杂了土和盐,犹如木柴和沥青一类物质引发的火。使用这两种火的灶似乎极明白地显示出这种区别;因为第一种火不留下任何分离后可感觉到的物质,一切全被燃烧尽了。第二种火在燃烧时产生许多烟,在烟囱里留下大量的煤烟和渣土。"这种粗俗的看法足以使医生描绘出由不纯的火蓦然间加以控制的发烧的血液的不纯性。另一位医生说:"是灼热的火,是使舌苔干涩的火"使发烧变得这么凶猛。

我们看到,火的纯与不纯的现象学是根据最初级的现象形式形成的。我们仅举了几个例子,恐怕

---

① 德·贝藏松:《再论发烧》,巴黎,1690年,第30、49页。——原注

已使读者不耐烦了。但这种不耐烦本身就是一种标志:人们想看到价值的统治是一种封闭的统治。人们想不顾最初的经验主义意义来评论价值。然而,似乎许多的价值仅是使某些客观经验的特权得以永存,以致造成事实和价值无法分开的混合。客观知识的精神分析应当加以分开的正是这种混合。当想象"加快"了未经思考的唯物因素时,它将获得更多的自由来建成新的科学经验。

四

但是,火的真正的理想化是遵循着光和火的现象学的辩证法而形成的。正如我们在辩证的升华基础上所发现的一切感觉的辩证法一样,由光实现的火的理想化建立在现象的矛盾的基础上:有时火发光而不燃烧,那时,火的价值是完全纯洁的。里尔克认为:"被爱意味着在火焰中自焚。爱,就是以永不穷尽的光芒发亮。因为爱,就是摆脱怀疑,就是生活在心灵的显现中。"

在光中实现火的理想化似乎确实就是诺瓦利斯式超越的原则,当人们要尽可能接近现象去把握这种原则时,诺瓦利斯确实说过:"光是火的现象的精灵。"光不仅是一种象征,而且是纯洁的体现。"在光无事可做的地方,在光无可分离、无可结合之处,它就穿过去。不可分离、不可结合的东西是单一而纯净的东西。"在无限的空间,光无事可做。它等待着目光,等待着心灵。因此,它是精神的感悟。也许人们从未像诺瓦利斯描绘内火到天火时那样从一种物理现象中提炼出如此多的思想。那些在最初的火焰中经历了尘世间爱情的人在纯洁的光芒中告终。加斯东·戴里克在《浪漫主义的试验》[①]一文中明确地指出这种自我净化的道理。他举了诺瓦利斯的例子:"当然,我过去过分依赖于这种生活——特效矫正剂是必要的……我的爱情变成了火焰,这火焰逐渐燃尽我身上的一切尘世间的东西。"

我们对诺瓦利斯热学说的深度已作了足够的阐明,这种热升华为一种被照明的幻象。这是一种物质的必然性:对于诺瓦利斯的爱情,除了这种明亮之外,别无其他可能的理想化。把一种更协调的

---

① 《南部札记》,1937年5月,第25页。——原注

明亮看成为斯维登堡①的明亮,并自问在这种生活背后,在一种原始的光亮中,人们是否能发现一种更有节制的尘世生活,这也许是有趣的。斯维登堡之火会留下灰烬吗?解决这个问题就是发展我们本书所提出观点的逆命题。证明这些问题具有某种意义,证明通过对形象的客观研究以重复对遐想的心理研究是有意义的,这对我们就足够了。

---

① 斯维登堡(1688—1772):瑞典神智学者。

结 论

如果说我们的工作能够作为遐想的物理或化学基础,作为确定遐想的客观条件的纲要,那就应当为文学批评——从这个词的最准确的意义上说——准备好工具。应当指出,隐喻并非像火箭那样飞起,在天空中爆发,散发出火光,而是相反,隐喻相互呼应,相互协调,比感觉有过之而无不及,以致诗意仅仅是隐喻的框架而已。每位诗人都应当促成一种图解,以表达他的隐喻配合的意义和对应性,就像花的图解确定花的行为的意义和对称性一样。若没有这种几何的契合,就没有真正的花可言。同样,若没有诗的形象的某种综合,就没有诗的繁荣。然而,不应当在这种论述中看到限制诗自由的意志,把某种逻辑或者某种现实——这是一回事——强加于诗人的创作意志。在经过充分发展之后,我们客观上以为发现了某诗作的现实主义和内在逻辑。有时,一些迥然不同的、似乎对立的、互不协调而又软弱无力的形象会融合在一可爱的形象中。超现实主义最离奇的镶嵌艺术蓦然有了连贯的动作,闪烁着能使人看到深处的光;充满讥讽的目光突然露出了温情:那是泪水流在欲火上。这就是想象的决定性行为:它把妖魔变成了新生儿。

但是,诗的图解不仅是一种构图!它应当找到一种使犹豫与暧昧统一起来的方法,只有这二者能使我们从现实主义中摆脱出来,使我们能遐想;我们所担负的使命在此遇到了全部的难处,显示出全部价值。在统一体内部做不出诗来:独一性没有诗的特性。若人们不可能做得更好,若不能立即达到有次序的多样性,那么可以使用辩证法,把它当作唤醒沉睡的呼噜巨响。不管生动与否,阿尔芒·贝梯让说得好:"思想辩证法的动荡可独一无二地用来确定想象。"不管怎样,必须首先消除反射式表达的热情,对熟悉的形象进行精神分析,以便运用隐喻,特别是隐喻之隐喻。于是,人们将会理解贝梯让所说的,想象摆脱了心理的决定——包括精神分析在内——它构成了一种产生于自身的自发统治。我们赞同这种观点:想象胜于意志,胜于生命的冲力,它是精神创造力的化身。从精神上来说,我们是由自己的想象创造出来的。我们由自己的想象所创造并且受想象的限定,因为想象划定了我们精神领域的最后限界。想象犹如火焰一般在自己的巅峰上进行创造,正是在隐喻之隐喻的范围内,在达达主义的领域内——如特里斯唐·查拉①所认为的那样,梦幻在这领域中是一种经验的尝试——当遐想改变着预先已经被改变了的形式时,我们应当去寻找变动着的力的秘密。因此,必须寻求到原始的推动由于受到个人的无秩序的诱惑,但又经不住他人的迷惑而在发生分裂之处安身的方法。要自己幸福,就应想到他人的幸福。因此,在最自私的享乐之中有一种相异性。诗的图解在同纯真的理想、自私的理想决裂的同时将会引起力量的分解,结构统一的分解。于是就会出现具有创造力的生命的问题:如何具有前途而又不忘却过去,如何使激情发扬光大而不冷淡下来?

然而,如果形象只有通过它分解的隐喻才在心理上变成积极的,如果形象只有在最彻底的变幻

---

① 特里斯唐·查拉(1896—1963):法国作家,原籍罗马尼亚,达达主义创始人之一。

中,在隐喻之隐喻的范围内才创造出真正新型的心理现象,那么人们将会理解火的形象的大量诗意创作。我们曾试图证明,在形象的各种因素中,火是最具有辩证性的。火自己既是主体又是客体。在泛灵论的深处,总可以发现热能。我们感到:富有生命的东西,直接富有生命的东西就是热的东西。热是实体富足和长在的最好佐证;只有热才赋予生命的强烈、存在的强烈以直接的意义。与内火的猛烈相比,其他感觉的强烈程度是多么松弛,缺乏生气,静止而无前景!它们并不是实际的增长。它们并不恪守自己的承诺。它们并不在火焰,在象征超越的光芒中活跃起来。

然后,正如我们曾清楚地看见的,作为对主体、客体的这种基本辩证法的反驳,内火正是在自身的特性中得以辩证化的。只需燃烧到一定程度就足以相互否定。当一种感情达到火的烈度,一旦这种感情在它的猛烈爆发中暴露在火的形而上学中时,我们可以肯定它将积累起一定量的对立物。于是求爱者欲成为纯净而热烈的,独一而普遍的,悲剧的而又忠诚的,瞬间的而持久的。在受到巨大诱惑之时,拉·巴希法埃·德·维莱克利芬低声道:

温热的气息使我满脸通红,浑身冷战使我变得冰冷。

无法摆脱这种辩证法:意识到燃烧,这等于冷却;感觉到强烈度,就是在减弱它:应当成为强度而自身不知。这就是行动的人的苦涩的规律。

这种暧昧性是唯一适于表达情欲的犹豫不决,以至于所有一切同火有关联的情结最终都是痛苦的情结,是既神经质的又富有诗意的情结,是可倾倒的情结:人们可在自身行动中或在憩息中,在火焰中或在灰烬中找到天堂。

透过你双眸上方的浓密睫毛,

露出火一般要吞食的光芒,受火启迪的杰作,还有灰烬中的天堂。

点燃的火或献身的火,毁灭他人或自我毁灭,遵循普罗米修斯情结或恩培多克勒情结,这就是一切转换价值的心理转变,它同时显示出各种价值的不和谐。怎样才能更好地证明火——用荣格确切的话说——是"陈旧的、多产的情结"的机遇,证明特殊的精神分析应当毁掉令人痛苦的暧昧,以更好地得出警觉的辩证法,赋予遐想以真正的自由以及真正的创造性心理功能呢?

1937 年 12 月 11 日

附：烛之火

献给亨利·博斯科①

---

① 亨利·博斯科(1888—1976):法国作家。

前　言

I

这是一本有关一般遐想的小书。我在这本书中,既没有堆积任何知识,也没有把自己封闭在某种调研方法的一致性中。我想要用几个不长的篇章讲述遐想者在凝视孤独烛火时将会产生怎样的全新想象。烛火,在世界上能够唤起遐想的东西中,是最伟大的形象制造者之一。烛火迫使我们去遐想。当人面对烛火陷入沉思时,他所感知到的东西与他想象到的东西相比,是无足轻重的。烛火把它的隐喻与形象的价值引入各种各样的沉思领域。如若您把烛火当作表示生命的某个动词的主语,那您就会立刻发现它给这个动词增添了何种活力。无所不晓的哲学家一本正经地断言:"在创世中被叫作生命的东西在一切形式和一切存在之中都是唯一和同样的精神,是独一无二的火焰。"①但是,这样的概括过于直截了当。我们应当在形象的多样性和细节之中使人们感知到想象出来的火焰其制造想象的功能。动词点燃应当进入心理学的词汇之中。这个动词统治着整整一套词语。被点燃的语言形象燃烧着心理,这些形象提供了一种激奋的基调,诗化哲学应当对此作进一步阐释。凭借被视作遐想对象的火苗,最冷峻的隐喻真正变成为形象,而隐喻往往是思想的位移,说得更清楚些,或换一种说法,隐喻是形象,是真正的形象——当这种形象在想象中是最初的生命,摆脱现实世界而进入想象出来的想象世界的时候。通过想象出来的形象,我们认识到这种遐想的绝对,即诗意的想象。与此相应,正如我最近出版的一部作品中曾试图证明的那样——但是,难道有一本说尽了作者全部信念的书吗?——我们认识产生遐想的富于想象的存在。一个富于想象的存在乐于遐想,并且生机勃勃地去遐想。这样的存在掌握着存在的真理,掌握着人类的前途。

---

① 贝甘引自埃尔代著《浪漫主义灵魂和幻梦》,马赛版。《南方札记》,第一卷,第113页。——原注

在所有的形象中,火苗的形象——无论是朴实的还是最细腻的,乖巧的还是狂乱的——载有诗的信息。一切火苗的遐想者都是灵感丰富的诗人。面对火苗的一切遐想都是赞美的遐想。一切火苗的遐想者都处于最初遐想状态之中。这种最初的赞美来源于我们那遥远的过去。我们对火苗具有一种天生的赞美,可以说,这是一种先天的赞美。火苗促使观赏快感增强,规定着熟视之物的另一个天地。火苗迫使我们去注视。

火苗召唤我们去进行第一次观看:我们对之留有无数回忆,我们就像一个拥有悠长回忆的人那样对火苗进行遐想,而我们又像所有人一样进行遐想,像所有人一样进行回忆——于是,在火苗前遐想的最可靠的规律之一的作用下,遐想者经历的不再是他自身的过去,而是世间最初之火的过去。

Ⅱ

因此,对火苗的凝视使最初的遐想永存。这种凝视使我们脱离尘世,使遐想者的世界扩展。单独的火苗是一种伟大的在场,但是,面对火苗,人们会浮想联翩,"堕入遐想之中"。火苗就在那里,它纤细而又微弱,挣扎着维持着自身的存在,而遐想者却已想入非非,忘却了自身的存在,他越想越远——幻想着整个世界。

火苗对于孤单的人来说就是一个世界。

于是,如若火苗的遐想者与火苗对话,他就是与自己对话,他就是一个诗人。遐想者把世界放大,把世界的命运放大,同时他思索火苗的命运,他放大着语言,因为语言表达的是一种世界之美。通过这样一种唯美主义的表达,心理本身在扩大,在升华。对火苗的沉思提供给遐想者心理一种垂直状的食粮,一种垂直化的食物。与一切"大地的食粮"背道而驰的空中食粮没有更为积极的原则为诗歌的确定性提供生命的意义。我还将在一章里专门谈论这些确定性来阐明火苗给人的启迪:在高处燃烧,永远向着高处,才能真正放出光芒。

为了达到这个"心理高度",必须在一切印象中注入诗的物质使它们膨胀起来。我们相信,诗歌的贡献足以使我们产生这样的希望:将一致性赋予我们在烛火名下汇聚的一切遐想。这本专著也许可采用这样的副标题:火苗之诗。事实上,由于我决意在本书中专门谈论遐想,我把它与更一般的论述书籍区分开来。我始终希望出版一本名为《火之诗》的一般论著。

III

在限定我的调研范围,并使我保持唯一例证的统一的同时,我希望实现一种具体的美学,即哲学家的论战不可能产生的美学,通过一般浅薄的思想所不可能加以理性化的美学。火苗,只有火苗才能使它的一切形象的存在具体化,使它的一切幻影的存在具体化。

文学形象描绘的对象——火苗!——是如此普通,以致我希望能够确定各种想象的同一性。有了火苗的文学形象,超现实主义就有了某种具有现实根基的保证!火苗最离奇古怪的各种形象汇聚在一起。这些形象通过某种出色的特长变成真正的形象。

我有关想象的调研的悖论——通过言语寻找实在,用词语进行描绘——在此有可能得以解决。话语表达的形象表现了我们的想象从最普通的火苗中所获得的非凡激励。

IV

我们还应该对另一个悖论进行解释:我们决意赋予文学形象以全部的现时性,为的是经历文学形象,我们还信心十足地要证明诗是现实生活的一种积极推动力,对于我们,把如此多的遐想置于烛火的形象之下是否是一种徒劳?世界在飞速发展,时代在快步前进。烛光和烛台的时代已经过去。只有过时的梦幻才附着于陈旧的事物。

对于这些看法,回答是简单的:幻梦与遐想并不会像我们的行为那样迅速地现时化。我们的遐想是根深蒂固的真正的心理习惯。现实生活对遐想的影响甚微。对于心理学家来说,重温熟悉的昔日老路很有意义。

小小烛火引出的遐想把我们带回温馨的小天地。在我们身上,似乎有一些只能容得下残烛微光的黑暗角落。一颗敏感的心珍爱一切易碎的价值。这颗心与斗争着的价值息息相通,即与那和种种黑暗争斗的微光息息相通。所以,我们面对微光的遐想在现实生活中保留着一种心理实在。这些遐想具有某种意义,我们甚至可以说它们具有某种功能。确实,它们能赋予无意识心理一整套形象,以便温和地、自然而然地向遐想的存在提出质疑而又不会给人捉摸不透的感觉。遐想者随着微光的遐想有回归家园之感,遐想者的无意识对遐想就是自己的家。遐想者!——我们存在的身影,这思索着的存在的明与暗——在面对微光的遐想中拥有存在的安全感。谁相信面对微光遐想的人会发现这样的心理的真理:平静的无意识,高枕无忧的无意识,与自己的遐想保持平衡的无意识,千真万确是心理的明与暗,或更确切地说,是明与暗的心理。烛光的各种形象教会我们爱内心视觉的明与暗。遐想者要表现为远离思想光亮的遐想着的存在,这样的遐想者,从他爱上遐想之时起,就欲求表白这种明与暗的美学。

灯下的遐想者本能地懂得烛光的形象是深藏于内心的蜡烛。当思维在活动、意识是明白无疑的时候,蜡烛的微光就看不见了。但是,在思维休息时,形象是醒着的。

意识的明与暗的意识拥有这样一种在场——绵延着的在场——存在在其中期待着苏醒——存在的苏醒。让·华尔懂得其中的奥妙。有他的一

句诗为证:

哦,微弱的烛光,哦,源泉,温柔的曙光。①

V

因此,我主张把画家明暗相间的美学价值移植到心理美学价值的领域。如果这能成功,我们将部分地从无意识的概念中排除衰弱与贬义的成分。无意识的阴影那么经常地显示遐想在其中怡然自得的微光世界!乔治·桑已预感到了从绘画世界向心理世界的过渡。在剧本《康素爱萝》的脚注中,谈到明与暗,她是这样说的:"我常常自问,这种美,美在何处,如若我想把它的秘密告知他人,那我如何可能描述②它。什么!别人会说:没有色彩,没有形状,没有次序也没有光亮,外部的诸物能够具有对眼睛和精神说话的形态吗?唯有画家能够回答我:是的,我懂。他会想起伦勃朗的《沉思中的哲学

---

① 让·华尔:《情境诗》,汇合出版社,第33页。——原注
② 加重号是我所加。——原注(中译用楷体标示加重)

家》:那间隐在阴影之中的大房间,那曲折迂回没有尽头的楼梯;画里朦胧的光线中,整个画面既模糊又分明;有一个人物的色彩强烈,是浅褐与深褐的混合色;这种明暗色彩的魔力,这种在最不引人注目的物上,在椅子上,在水罐上,在铜花瓶上使用的光线游戏,一下子使这些并不值得注视、更不值得人画的东西变得那么有意思,变得那么绚丽多彩,以致会使您目不暇接,它们存在着,它们值得存在。"[①]

乔治·桑看到了问题,提出了问题:这种明与暗,怎么,不是画出来的——这是伟大艺术家的特长——而是"描写出来的"?怎么描写?我想进一步提出问题:这种明与暗,怎样才能把它写入心理范畴,恰恰介于深褐色的心理和浅褐色的心理之间呢?

事实上,二十年来,即从我开始撰写有关遐想的著作以来,这是一个始终萦绕在我脑子里的问题。而我甚至不能把这个问题表述得比乔治·桑所作的短注更加清楚。总之,心理的明与暗就是遐

---

① 米歇尔·列维:《康素埃洛》,1861 年,第三卷,第 264—265 页。——原注

想,一种平静的、使人安宁的遐想,这种遐想忠实于自己的中心,并在中心被照亮,没有在内容上受到压缩,而总是有些溢出到外面,把它的光染在昏暗之上。人们对自身看得很清楚,然而又是在遐想。人们并没有舍出所有的光,他们并非玩偶,并非是在黑夜降临的乱梦的牺牲品,这些乱梦使我们身不由己地任凭心理诈取者摆布,把我们手脚缚住交给那些在夜梦的野林中出没的强盗,即那些令人怏怏不快的噩梦。

遐想的诗意使我们进入这种金色的心理态度,它使意识保持觉醒。面对烛光的遐想将构成图画。火苗将使我们停留在这种使我们觉醒的遐想的意识中。人们在炉火跟前会入睡,而面对烛火却难以入睡。

VI

在最近出版的一本书中,我试图从根本上区分遐想和夜梦。夜梦是离奇古怪的形象世界。梦中的一切都是虚幻的。做梦的人在梦中所见往往过于真切。那些神秘事物本身被勾画出来,而且线条鲜明。梦境如此清晰,以致梦幻很容易成为文学故事——是文学故事,但永远不会是诗歌。全部神怪文学在夜梦里找到作家的阿尼姆斯①进行加工的模式。精神分析学家正是在阿尼姆斯之中研究梦中形象。在精神分析学家看来,梦中形象具有双重性,它始终意味着异于它自身的他物。这是一幅心理讽刺漫画。应该设法在这幅漫画之下找到真正的存在。想方设法、思考、不停地思考。为了享受形象,为了形象本身而爱形象,无疑应该在接受一切知识之外接受诗的教育。因此,在阿尼姆斯中少了些梦幻,在阿尼玛②中则多了些遐想。在主体间的心理学中少了些智慧,而在内心的心理学中则多了些敏感。

从我在这本小书中所持的观点出发,内心的遐想躲避着悲剧。从噩梦经历中归纳出来的观念所构成的离奇神怪并不会引起我们的注意。至少,当我们见到火苗过于奇特的形象而又不能把它当作我们自己的形象、不能把它置于我们个人遐想的明暗之中时,我们将避免长篇评论。我想通过描写烛

---

① 阿尼姆斯(拉丁文:animus):意为思考及各种官能之中枢。
② 阿尼玛(拉丁文:anima):意为心灵、灵魂。

火获得灵魂的温情。为了想象地狱,就要实行报复。在噩梦的存在中,有一种无论从近处还是远处我们都不愿点燃的地狱之火的情结。

总之,借助烛光形象,借助悠久古老的人类形象研究进行遐想的遐想者的存在,是对心理调查提供同质性的保证。夜间发亮的烛光与思索着的心灵之间有着亲缘关系。对于这二者来说,时光在缓慢流逝。在思索与微光中,都维系着同一种耐心。于是,时间在消逝;形象和回忆交融。面对烛光的遐想者把他现在的所见与过去曾经所见联结在一起。他经历着想象与记忆的交融。于是,他对遐想的一切奇遇敞开心扉;他接受伟大的遐想者们的援助,跻身诗人的行列。从此,面对烛火的遐想——尽管在原则上讲是一致的——就变得丰富而多彩了。

为了使这种多样性有些条理,下面我把这本普通论著的各个章节(有时很不相同的)作一简要说明。

Ⅶ

第一章还是开场白。在这一章中,我要说明:在有关火苗的主题上,我如何抵御了写一部知识类书的诱惑。若那样写,将会是大部头的书,然而不难写,只需把它写成光的理论史即可。但是,那些对火的物理性进行研究的科学家,不管他们多么伟大,却从不曾赋予他们的研究工作以科学的客观性。直到拉瓦锡①出现前,燃烧的历史始终是一部前科学观点的历史。对这样的学说所作的研究属于客观知识精神分析的范畴。这种精神分析应消除形象以确定观念的组织。②

第二章是对孤独的研究,对孤独存在的本体论的研究。孤独的火苗是孤独的见证,是把火苗与遐想者结合在一起的孤独的见证。因为有了火苗,遐想者的孤独就不再是空虚的孤独。有了烛火的恩

---

① 拉瓦锡(1743—1794):法国化学家。
② 参见《科学精神的形成》,《对客观知识精神分析的贡献》,弗兰出版社。——原注

惠，孤独变得具体了。火苗照亮了遐想者的孤独，照亮了思想者的前额。烛火是空白页上的星星。我汇集了几篇诗人的作品来对这种孤独进行阐述。我很容易就接受了这些作品，以致我相信读者也会接受的。这样，我们就承认了形象的信念。我相信，烛火对于许多遐想者来说都是一种孤独的形象。

如果说我曾谨慎地避免任何向伪科学研究偏离的可能，我还是时常被一些零碎的思想、被一些并不能证明什么但在一些简明的论断中给予遐想以无以比拟的冲动的思想所吸引。因此，不是科学、而是哲学在遐想。我反复阅读过一位名叫诺瓦利斯的诗人的作品。我从中受到深刻启迪，对火苗的垂直性进行思考。

当我在我最初有关想象的论著[①]中研究醒梦的技巧时，我就注意到运用飞来的梦幻，我们是从晨光初起的宇宙、从顶端光芒四射的宇宙那里接受这种梦幻的。那时，我对罗伯尔·德莱瓦耶所提出的关于醒梦精神分析技巧就进行过评论。这种技巧

---

① 《空气与梦幻》，高尔梯出版社。——原注

就是通过想象美好的形象使由于自身错误变得沉重的存在、由于对生活厌倦而昏昏然的存在减轻负担。通过形象的变化,向导成为患者进行变化的向导。向导建议进行一次想象的上升,一种通过错落有致的形象照亮的上升,每种形象都有自己上升的品德。向导适时提供各种形象,滋养遐想者的谵妄,用以推出、再推出上升的心理。这种上升的心理只有在升高、总是不断升高时才是有益处的。根据高度分布的这种精神分析的形象也许一贯升得过高,以致人们不能确信,处在充满隐喻生活中的梦幻者会离开存在的基础。

但是,孤独的火苗独自就能成为正在沉思的遐想者的上升指导。它是垂直性的样板。

许多诗文会帮助我在烛光中显示这种垂直性的价值,诺瓦利斯正是通过烛光,生活在对垂直火苗的沉思中。

在进行了一番哲学思考之后,我在第四章重提我们已熟悉的问题,即文学想象的问题。如若在文学中根据火苗所引发的所有隐喻来研究火苗,那么一本大部头的书也难成此事。人们会自问火苗的形象是否不能与任何发光的形象、欲发光的形象相结合。那么，也许人们会写一部一般的文学美学的书，把一切同意增补的形象排列起来，加上想象的火苗。这部阐明想象是一种火苗、一种心理火苗的作品可能会很有趣。笔者很乐意做这件事。

谈到树木、花卉，我能说出诗人们是如何以火苗的形象使它们生机勃勃，具有诗意的生命力。

从蜡烛到灯，对火苗来说犹如一次智慧的征服。由于人类的聪明，灯火现在是规矩的，恪守职责的，它简朴而伟大，成为光明的拥有者。

我想在书的最后一章对这人类化的火苗进行思考。从火苗的宇宙论发展到光的宇宙论，需要一本书的篇幅才能完成。我并不想论述这样的大题目，而是想在这本专著中，仍然坚持微光的遐想的同一性，仍在灯与蜡烛相结合的亲密关系中进行想象，灯与蜡烛，在古老的宅地，在我们今天仍然要回归其间进行遐想与回忆的宅地之中，是不可缺少的一对。

我受到一位熟知回忆的冥想的大师其作品中的遐想的深刻启迪。在亨利·博斯科的许多小说里，灯，从这个词的整个意义上讲，就是一位人物。灯在与住宅的心理学、与家庭成员的心理学的关系中起着某种心理作用。当住宅空无一人时，博斯科来自他的某一段过去的灯,保持着一种在场,耐心地等待漂泊在外的人归来。博斯科的灯使家庭生活的一切回忆、童年的一切回忆、整个孩童生活的回忆保持着生命力。作家为自己写作,也为我们写作。灯成为注视他的房间、注视一切房间的精神。它就是住宅、一切住宅的中心。不能设想没有灯的房子,同样也不能设想没有房子的灯。

对灯的家庭存在的思索使我可以联系我对内心世界的诗意遐想。我又重新发现了我曾在《空间的诗学》一书中展开的所有主题。我与灯一起回到昔日住宅夜间遐想的地方,那里早已荒芜,但它在我的冥想中仍然记忆犹新。

哪里有灯,哪里就有回忆。

最后,为了使这本评述他人遐想的小书带些个人色彩,我想能在后记中添上一笔,追述勤劳工作的孤独和那些漫漫黑夜,我并没有沉迷于简单的遐想之中,而是坚持不懈地工作着,我相信,积极的思维能够丰富人的心灵。

第一章　蜡烛的过去

> 展开双翼跳动着的火苗,
> 哦,你是上天反射来的红色气息。
> ——谁能辨别你的奥秘
> 谁就会明白什么是生(和死)……
> ——马丁·科皮希:《德国诗歌选》法译本,勒内·拉纳和乔治·拉布兹译,第二卷,第 206 页

I

从前,梦幻都忘却了的从前,烛火使智者思考;它引得孤独的哲学家进行了无数次的遐想。在哲学家的书桌上面,在形状各异的用品旁边,在诲人

不倦的书本旁边,烛火唤起无边的思绪,引出无数的形象。对一个人世间的遐想者来说,烛火就成为世界的现象。人们在书山文海中研究着世界的体系,瞧,一簇普通的烛火——哦,微不足道的知识!——却直接提出了它自身的谜。在烛火中,世界难道不是活生生的吗?烛火,它难道没有生命?它难道不是一个内在存在的可见符号,一种秘密力量的符号吗?这烛火难道不承载着赋予基本形而上学以活力的内在矛盾吗?当人们在一种普遍现象的中心掌握着事实的辩证法、存在的辩证法时,为什么还要寻找思维的辩证法呢?烛火是没有体积的存在,但却是一种强有力的存在。

在联结生命与火苗的形象的双重性中,要同时写出火苗的"心理"和生命之火的"体力",那需要研究怎样的隐喻范围啊!隐喻?在烛火使智者思考的遥远的知的时代,隐喻就是思维。

II

但是,如果说古书上的知识已经没有生命力,遐想的意义仍然存在着。在这本小书中,我将试图把所有的资料——无论是哲学家的还是诗人的——置于最初的遐想之中。当我们在我们的冥想或与他人的冥想的交流中重新找到它们的直接根源时,那一切就都属于我们,一切都为我们所用。面对烛火,我们在精神上与外界沟通。在一个平常的夜晚,烛火是宁静、优雅的生活样板。无疑,轻轻吹一口气就会使它晃动,就像沉思的哲人的冥想中掺进了杂念。但是,当宁静的时刻来临,伟大的孤独真的笼罩一切时,遐想者的内心与烛火的内心都拥有同一种平静,烛火保持着自身的形状,像一种坚定不移的思想笔直地奔向它垂直的命运。

这样,在人们一边思维一边冥想、一边冥想一边思维的时代里,烛火是测量灵魂安静程度的灵敏气压表,是衡量微妙的平静——能深入生命的各种细微之处的平静,使安宁的遐想思绪保持连续性的平静——的尺度。

您想要平静吗?那您就对那认真执行发光职责的微弱烛火轻轻呼吸吧。

III

人们能把悠久古老的知识变成生动的遐想。但是我不会在旧纸堆里寻找资料。相反,我想把梦的深度、迷茫的朦胧重新赋予我所掌握的形象,为的是使形象进入我们自己的遐想之中。只有通过遐想,人们才能传递特殊的形象。理智在必须分析无知者的遐想时是无能的。我在这本小书中仅用几页篇幅引述一些文章,其中我们所熟悉的形象被扩大到几乎道破尘世秘密的地步。人世间的遐想者是多么容易从微弱的烛光进入天上的明亮星群!在阅读中,当我被这样的扩大而深深吸引时,我就会无比兴奋。但我不再能够把自己的兴奋系统化。在我所有的调研中,我只掌握住了形象的流射。

当特殊的形象具有宇宙价值时,它就代替了令人眼花缭乱的思维。这样一种"形象—思维",这样一种"思维—形象"并不需要上下文。在通灵者眼中,烛火是一种唤起言语的幻影般的实在。我下面举几个"思维—形象"的例证,它们在光彩夺目的句子中得到表述。有时,这样一些"形象—思维—句子"会很快给平淡的散文增添色彩。茹贝尔①,那位理智的茹贝尔写道:"火苗是潮湿的火。"②然后,我还要指出"火苗与溪流的联结"这个题材的几个变种。在第一章里指明这一点只是为了马上就强调某种遐想的教条,这种遐想把自己的全部荣光都用作引出沉闷的知识。只要有一个矛盾就足以扰乱本性并使遐想者从有关日常现象的平淡无奇的判断中摆脱出来。

于是,茹贝尔《思想集》的读者也会乐于想象。他看到这潮湿的火苗,这灼热的液体向着上方,向着天空流去,犹如一条垂直的小溪。

我应当顺便指出纯粹属于文学想象哲学的细微差别。类似茹贝尔式的"形象—思想—句子"是表达方面的创举。言语在其中超出了思想。而说话的遐想又被写作的遐想超越。这种"潮湿的火"的遐想,人们不敢谈论它,而是把它写出来。火苗对作家曾是一种诱惑。茹贝尔没有经住这种诱惑。理智的人们应当谅解那些听凭笔墨妖魔摆布的人。

---

① 茹贝尔(1754—1824):法国伦理学家。
② 茹贝尔:《思想集》,第八版,1862年,第163页。最初出版的喷灯被一些人称为《火泉》。参见爱德华·福戈:《著名匠人》,第263页,巴黎,1841年。——原注

如果茹贝尔的箴言是一种思维的话,那它只是一种过于肤浅的悖论——如果它是一种形象,那它将是转瞬即逝的。但是,这种箴言出现在这位伟大伦理学家的作品中,它为我们打开了严肃遐想的领域。想象与真实相混的语气使我们这些普通读者有权利进行严肃的遐想,犹如在这样的遐想中,我们清醒地进行思考。在茹贝尔把我们引入的严肃遐想中,一种人世间的现象被表达出来因而也被控制了。这种现象是在现实之外被表达的。它用自身的实在换取人类的实在。

当我们为自身重新构造沉思哲学家的小书房的形象时,我们在同样的桌子上看到蜡烛和沙漏,这两种存在都意味着人的时间,但风格却迥然不同!烛火是向上流去的沙漏。烛火比一粒流沙更加轻盈,它造就了自己的外形,好像时间本身总有事可做似的。

烛火和沙漏在平静沉思中表示轻盈时间与沉重时间的相通。在我的遐想中,这两者意味着阿尼玛时间和阿尼姆斯时间的相通。若我能在我想象的小房间里把蜡烛和沙漏聚合在一起,我愿想象时间,想象逝去的时间和飞逝而去的时间。

但是,对于我想象中的哲人,烛火的教益比流

第一章 蜡烛的过去

沙的教益更多。烛火唤起夜读人把双眼从书本上离开，离开劳作的光明，阅读的时光，思考的时光。时间在烛火中开始过夜。

是的，在烛火前面，夜读人不再阅读。他思考着生命，他思考着死亡。烛火是微弱的，它摇曳着。一口气就可以吹灭这烛火；而一点火星又可以重新将它点燃。烛火容易点燃，也容易熄灭。生与死在烛火中并行不悖。生与死在它们的形象中则是完美的对立。以普通逻辑口吻谈论存在与虚无辩证法的哲学家们的思维方法面对诞生和死亡可悲地变为具体的了。

但是，当人们进行更深一步的遐想时，这种生与死之间的美妙平衡就消失了。在烛火的遐想者的心目中，熄灭这个词具有何种反响啊！词语无疑离开自己的渊源并且又获得了一种陌生的生命，一种从偶然的普通比喻中借鉴而来的生命。熄灭这个动词的最伟大的主语是什么？是生命还是蜡烛？隐喻的动词能够使五花八门的主语活动起来。熄灭这个动词能使所有东西死亡：声音或心脏，爱情或恼怒。然而，想知道这个词的真实意义的人，应当记住它的最初意义是烛火的死亡。神话学家教会我们在对上天的观察中读懂光的悲剧。但在遐想者的小房间里,熟悉的物品却变成宇宙的神话。熄灭的烛火是一颗死亡的太阳。烛火的死亡比天上群星的死亡还要安宁。烛芯弯了下去,变黑了。烛火在禁锢它的阴暗之中服下了鸦片。烛火宁静地死去:它在睡梦中死去。

任何烛火的遐想者,任何微光的遐想者都明白这一点:在万物与宇宙的生命中,一切都是悲剧。当人面对烛火遐想时,他就会遐想两次。用巴拉赛勒斯①的话说,面对烛火的沉思成为两种世界的激情(une exaltatio utriusque mundi)。②

作为一个用文学语言进行表述的普通哲学家,我在下面只列举从诗人那里借用来的有关双重激情的例证。通过思维、通过加过工的思维、通过他人的思维救助这样的遐想、超出限度的遐想的时代已一去不复返,这在本章开头已经指出。

难道永远不能用思维作诗吗?

---

① 巴拉赛勒斯(1493—1541):瑞士医生,炼金术士。
② 引自 C.G.荣格 *Paracelsica*,第 123 页。——原注

IV

为了说明我计划仅仅局限于还能把我们引入接近诗人冥想的严肃遐想之中的一些资料,我将在许多例证中对一个引自古书的充满形象并富于思想的例证进行一番评论,虽然这本书无论从思想角度还是从形象角度,我们都很难恭维。如果脱离历史境遇,我所要列举的例证则不能算作出色的想象,那些章节同样不符合知识的组织。它们只是一种矫揉造作的思想和简单化形象的大杂烩。因此,我所取的资料则正相反,它们将是我要经历的形象的激情,将是庞大的想象。

评论完这大段资料之后,我要回过来谈谈更为精巧的形象,这些形象被更加细致地归纳为体系。在这些形象中,我们将会重新发现冲动,而在追随这些冲动的同时,我们个人将在形象中经历想象的欢乐。

V

布莱斯·德·维吉尼亚在他的《论火和盐》一书中谈到"佐哈尔"①时这样写道:

> 有两种火,其中一种更加强烈,吞没了另一种。谁想认识它,谁就应观察从点燃的火或从灯火和火炬中冒出并上升的火苗,因为火苗升起必然会同某种易变质的物质融为一体,与空气结合在一起。但是,在这上升的火苗之上有两种火苗:一种呈白色,它发出光并且进行照明,火苗的顶点是蓝色的根部;另一种呈红色,它紧附着木头,还有它燃着的微火。白色的火苗直向上冲,红色火苗在下部始终沉着不动,它并不舍弃负责点燃并照亮另一种火的物质。②

---

① "佐哈尔"(Zohar):对《旧约全书》作犹太人的传统解释的神学家们的重要依据之一。
② 布莱斯·德·维吉尼亚:《论火和盐》,巴黎,1628年,第108页。——原注

第一章 蜡烛的过去

被动与主动、被推动和推动、被燃着和点燃的辩证法由此开始——使任何时代的哲学都满意的过去分词和现在分词的辩证法。

但是,对于维吉尼亚这样一位火苗"思想家",诸种事实应该开拓价值的视野。这里要征服的价值是火苗。光是火的一种超价值过程。之所以是超价值过程,是因为它把意义和价值赋予我们认为是无意义的事实。光照确是一种征服。维吉尼亚实实在在地使我体会到粗糙的火经受过何种苦难才变成白色火苗,才赢得这出类拔萃的价值,即白色。这种"白色火苗""始终如一,既无变化,也不改样,而另外一种火,则时而变黑,时而变红,时而变黄,变靛青,变蓝绿,变蔚蓝"。

因此,发黄的火苗是白火苗的反价值。烛火是价值和反价值搏斗的疆场。白火苗必须"消灭和摧毁"使它变黑的粗糙分子。因此,对于一位前科学的作者来说,火苗在世界经济中起着积极作用,它是改善宇宙的工具。

道德教育于是成为现成的:道德意识在"烧掉它所庇护的道德败落"的同时,应当变成白火苗。

火烧得旺,火苗就高。意识与火苗具有同一种垂直的命运。普通的烛火清楚地指明这种命运，"它在底部竭尽自己的职责，而没有把它的微光变成白色之外的其他色彩，然后，它自由地向上奔去，回转到它自己居处的洁净之地"。

维吉尼亚的文章很长。我省略了许多。原文会令人生烦。若人们把它看作是一篇组织知识的观念文章的话，它会让人心烦。但至少，作为谈论遐想的文章，我觉得它是对超出一切尺度、包含所有经验的（不管它们来自个人还是世界）某种遐想的清楚明证。世上的一切现象，只要它们稍有稳定性和一致性，就成为人类的真理。维吉尼亚的文章以道德说教为本，贯穿整篇叙述。这种道德在遐想者对烛火的关注中潜伏着。遐想者以道德的眼光注视烛火。对于遐想者来说，烛火是进入世界合乎道德的入口，它进入世界的道德之中。倘若他看到的是燃烧的油脂，他还敢写出来吗？在遐想者的桌上放着我们可称为现象—例证的东西。某种最为寻常的物质发出光来。这种物质在发光行为中自我净化。积极净化的出色范例！正是不纯净本身在自我毁灭中发出洁净的光。恶正是这样成为善的食粮。哲学家在火苗中遇到了现象—范例，这是一种宇宙的现象，人类化的范例。我们正是遵循这种现象—范例,才"烧毁我们身上败落的道德"。

被净化的火苗,又净化他物,它通过遐想者的眼睛和灵魂两次照亮遐想者。在此,隐喻是一些实在,而实在既然被注视就成为人的尊严的隐喻。我们注视着实在,同时使它隐喻化。如果我们从象征主义角度去分析维吉尼亚的资料,那就会歪曲他提供的这些资料的价值。形象作出证明,象征加以肯定。用天真单纯的目光凝视的现象并无故事可言,这就和象征一样。象征是各种不同渊源的传统的汇合。所有这些渊源并没有都在凝视中重新恢复生命力。现在比文化的过去更加有力。维吉尼亚曾研究过《佐哈尔》,这并不妨碍他在遐想的整个原始性中索取在古书中要成为知识的那些东西。在阅读会引起遐想时,人们就不再阅读了。如若烛光照亮了论述火苗的古书,那么思维与遐想之间的暧昧就达到了极端。

在象征或双重语言中,任何东西都不能用精神表达物质,反之亦然。在维吉尼亚的作品中,我们看到了把人和人的世界相结合的遐想的高度统一,看到了难以分化为主体与对象的辩证法的遐想的高度统一。在这样的遐想中,世界及其万物都具有人的命运。世界在它神秘的内心中欲求得到净化的命运。世界是一个更加美好的世界的萌芽,犹如人是更高尚的人的萌芽,犹如黄色的、沉重的火苗是白色的、轻盈的火苗的萌芽。火苗通过它的白色,通过征服白色的活力回归故地,火苗并不仅仅听命于亚里士多德的哲学。人们获得一种比一切支配物理现象的价值都要重要的价值。回归故地就是建立次序,在宇宙中恢复次序。但是,在白光的情况下,道德的次序先于物理的次序。火苗所倾向的故地就是道德领域。

因此,火苗和火苗的形象把人的价值视作世界的价值。这些价值把"小世界"的道德与天地的威严道德结合在一起。

多少世纪以来,火山的合目的性秘密并没有泄露出什么其他东西,它肯定大地通过地上火山的"有益行为清除了自身的污秽垃圾"。米什莱[①]在上个世纪仍然重复这一点。思考大事者也能想象小事,并会认为他的微光可用来纯化世界。

---

① 米什莱(1798—1874):法国史学家。

VI

当然，倘若我的调研涉及礼拜仪式问题，倘若我以某些重大的象征作为依据，以最初建立在自身道德和宗教价值基础上的各种象征为依据，那我会毫不费力地为火苗、并为火把——火把是火苗的阴性名词，它辉煌地燃烧着——找到各种象征，这些象征比遐想者面对烛火的遐想中产生的朴素象征更富有戏剧性。但是，请相信，面对司空见惯的现象，追随某种接近最不可思议的比喻的遐想，那会是很有趣的。比喻，有时就是正在开始的象征，一种尚未担负起全部责任的象征。被感知物与被想象物之间的不平衡立即趋于极端。火苗不再是感知的对象，而成为哲学的对象。于是一切都成为可能的。哲学家完全可能在烛火面前设想他就是燃烧中的世界的见证人。在他看来，火苗是一个走向变化的世界。遐想者在火苗中看到自己的存在和自己的变化。在火苗中，空间在活动，时间在翻滚。当烛光抖动时，一切都随之抖动。火的变幻难道不是一切变幻中最富有戏剧性的、最活跃的变幻吗？

如果人们在火中想象世界,世界就会演变得很快。因此,当哲学家面对烛火幻想世界时,他就能幻想一切——暴力与和平。

第二章 烛火遐想者的孤独

> 我的孤独随时准备着燃烧那即将点燃我孤独的人。
>
> ——路易·埃米雷:《火的名字》,第 14 页

I

我在简短的前言中,勾勒出思想和经验的历史学家应当从事的研究主题。现在,我要回到形象——一些十分诱人的形象,可用以确定遐想——的研究者的普通工作上来。烛火唤起人们记忆中的遐想。它使我们回忆起在遥远的过去孤独守夜的情景。

但是,孤独的火苗,仅仅是它使得遐想者更加

孤独吗？仅仅是它使遐想得到慰藉吗？利希滕贝格①说过，人如此需要伴侣，以致当他独自沉思时，面对点燃的蜡烛就会感到不那么孤独。这个思想极大地影响了阿尔贝·贝甘，以至于他把《点燃的蜡烛》②作为一章的标题，专门谈论乔治·利希滕贝格。

但是，变成"遐想物"的任何"物体"都具有特殊的性质。如果人们能通过对熟悉事物所作的亲切遐想组织一所"梦之物"的博物馆，那将是一件多么伟大的工作！那家中的每件东西就都会有各自的"副本"，不是噩梦中的幽灵，而是某种出没于记忆、重新赋予记忆以生命的鬼怪。

是的，每件伟大事物都具有它自己的梦幻人格。孤独火苗的梦幻人格与炉中火的不同。炉火会使司炉人得以消遣。在炉中疲火前帮助木柴燃烧，及时添柴。会取暖的人保留着一种普罗米修斯的行为。他改变着普罗米修斯的各种小动作，他的完美司炉人的骄傲由此而来。

---

① 利希滕贝格(1742—1799)：德国科学家，作家，实证物理学教授。

② 阿尔贝·贝甘：《浪漫主义灵魂和幻梦》，第一卷，第28页。——原注

但是，烛火则是独自燃烧。它不需要他人推动。在我们的桌上，再也看不到烛剪和烛剪架了。我认为，蜡烛的时代总还是"带孔蜡烛"的时代。烛泪，隐藏的泪沿着泪道淌下。对于抱怨不休的哲学家，这真是应该仿效的好榜样！司汤达已经善于识别好蜡烛。他在《一个旅游者的回忆》中写道，他曾专门去当地最高级的杂货商店买上等蜡烛以替换旅馆里的阴晦残烛。

我们正应该在对上等蜡烛的追忆中找回孤独者的冥想。火苗是孤独的，天生是孤独的，它愿意始终保持孤独。十八世纪末，一位研究火苗的物理学家要把两支蜡烛的火贴合在一起：他把烛芯对着烛芯，但没有成功。这两支孤独的火苗沉醉于自身的扩大和上升，对相互结合毫不在意，而是各自保存自己的垂直实力，维护火苗顶部精致的火尖。

物理学家的这种"实验"，对两颗热切的心，是象征物的怎样的灾祸啊！这两颗心曾试图互相救助以燃得更旺，但却全然徒劳。

至少，火苗对遐想者应该成为被变化吞没的存在的象征。火苗是一种"存在—变化"，一种"变化—存在"。感知到自己是孤独和完全的火苗，是在"存在—变化"的悲剧中照亮自身同时毁灭自身

的火苗,这就是一位伟大诗人用形象语言所表达的思想。让·德·包歇尔写道:

> 在火中,我的思想褪去
> 我借以识别它们的外衣;
> 它们在火焰中燃尽,
> 而我正是这烈火的源泉与食粮。
> 然而,我不复存在。
> 我是火苗的内心,支柱。
> ....
> 然而,我不复存在。[1]

成为火苗的支柱!统一活力的伟大而又强有力的形象!让·德·包歇尔的火苗,黑暗撒旦的火苗都不会晃动。我们可以把它们看作一部伟大作品的警句。

---

[1] 让·德·包歇尔:《黑暗的最后诗篇》,第148页。——原注

II

在让·德·包歇尔的作品问世后,一种富于生命力的英雄主义在"撕毁自己外衣"的强有力的火苗中寻求榜样。但是,有一些更平静、更孤独的火苗。它们更简洁地对孤独的意识讲话。一位诗人用五个词向我们说出了两种孤独之间互相慰藉的格言:

Flamme seul, je suis seul.[①]
(孤独的火苗,我是孤独的。)

忧郁还是屈从?同情还是绝望?以怎样的口气呼唤这种不可能实现的交流?

孤独地燃烧,孤独地遐想——伟大的象征,未被理解的双重象征。前者指火苗,它全身都在燃烧,必然是孤独的、无言的——后者则指沉默寡言的人,他可奉献的只有孤独。

---

① 特里斯唐·查拉:《狼在何处饮水》,第15页。——原注

然而,对于既能爱也能被爱的存在来说,孤独是多么美妙的装饰!小说家们给我们讲述那些隐蔽的爱情,那些尚未燃起的火苗的感情之美。若我们能继续查拉①开始的对话,"孤独的火苗,我是孤独的",那我们会写出怎样一部小说,但是,这场对话不是通过沉默,两个孤独存在的沉默继续下去的吗?

但是,在遐想时,还应该说话。遐想者在夜晚的遐想中,在面对烛火遐想时,吞噬着过去,以虚假的过去为食粮。遐想者想象他可能成为什么,他在反抗自己的同时,想象本应成为的东西以及本应去做的事情。

这种针对自我的反抗在遐想的起伏中渐渐平息。遐想者进入遐想的忧郁——把实际的回忆和遐想的回忆融为一体的忧郁。我再重复一遍,正是在这种混杂中,人们对他人的遐想变得敏感起来。遐想者面对烛火与前世的伟大遐想者交流,与孤独生命的伟大克制交流。

---

① 特里斯唐·查拉(1896—1963):罗马尼亚血统的法国作家。

Ⅲ

若我的这本书能如我所愿,若我在欣赏诗作时能搜集到相当多的遐想趣闻足以越过把我阻挡在诗人王国前的障碍,那我希望,在本书结束时,在长长的形象系列之末,能够找到终极的形象,即对于理智思想来说是极端的形象。我的遐想由于得到他人想象的帮助,将会超出我自己的冥想。

面对烛火,为讲述孤独回忆的彼岸——也是苦难回忆的彼岸——我在这简短的一章中引述一段文学资料,西奥多·德·庞维勒[①]谈到贾梅士[②]夜不能寐的情况。当一位诗人有好感地谈及另一位诗人时,那他所讲的一切就会更加真实可靠。

庞维勒说贾梅士的烛光已经熄灭了,这位诗人借助于猫眼睛的光亮继续写诗。[③]

借助猫眼睛的光亮!柔和、细微的光亮,应该相信这种光,就像相信一切普通光亮的彼岸那样。

---

① 西奥多·德·庞维勒(1823—1891):法国唯美派诗人。
② 贾梅士(1524—1580):葡萄牙诗人。
③ 西奥多·德·庞维勒:《市民故事》,第194页。——原注

烛火已灭,但它曾经亮过。烛光开始了它的夜间辛劳,诗人则开始写作。烛光与有灵感的诗人分享共同的生活,受到启迪的生活,给人以启迪的生活。烛光下,诗人以灵感之火用喷涌而出的诗句展现他的生命——炽热的生命。书桌上的每件用品都发出环形的微光。猫在诗人桌上;它的尾巴洁白,紧贴在文具盒上。它盯着主人,盯着伏案疾书的主人的手。是的,烛光和猫注视着双眼冒火的诗人。在笼罩着辛劳主人的孤独气氛、被烛光照亮的桌子这个小天地里,一切都是目光。那一切又怎么能不注视他目光中的激情,他炽热的光亮呢?一种物的衰亡会由其他物的兴旺来补偿。

再者,软弱的存在比起强壮的存在,拥有更加细腻、不那么粗暴的彼岸。非烛火的孤独毫无障碍地继续着烛火的孤独。世上的每件东西都由于自身价值而被爱,都拥有自身的虚无。每个存在都把一部分存在、少量的存在、自己存在的影子倾入它固有的非存在之中去。

于是,在苦思冥想的哲学家所听到的存在与非存在之间的优美和声中,猫眼的存在能够帮助烛光的非存在。贾梅士夜间写作的场面是那样伟大!这样的场面拥有它自己的绵延。诗本身欲求达到它的终极,诗人要达到他的目的。在烛光即将熄灭时,人们怎么会看不到猫的眼睛是发光体呢?烛火熄灭时,贾梅士的猫肯定不会发抖。[①] 猫,这支动物蜡烛,这个睡觉时还注视着的警觉的存在,继续夜间的辛劳,它的光亮与诗人被照亮的脸相映成趣。

IV

在我们由于某种强烈形象对小火烛的悲剧变得敏感时,我们就能摆脱强制目光接受的形象的特权。当人们面对烛光单独又闲逸地遐想时,他立刻就会明白这个发光的生命也是正在说话的生命。诗人们,又是诗人们要教会我们聆听。

火苗发出声响,火苗呻吟着。火苗是正在受难的存在。阴沉的吆语来自这种煎熬。一切轻微的痛苦都是人世间痛苦的记号。读过弗朗兹·冯·

[①] 请注意,猫并不是羞怯的存在。人们很容易认为,一切软弱的东西都是易碎的。因此,勒西厄·拉尚伯认为,一旦萤火虫害怕,它就会熄灭自己的光亮。参见勒西厄·德·拉尚伯《关于光亮的新思维》,1634年,第60页。——原注

巴德尔①作品的遐想者,在微光中,在沉默中,在对烛火的呼声中重新发现电闪的光明。他听到燃烧着的存在的声音,这种嘶拉克(Schrack),欧仁·苏西尼声称无法把它从德文译成法文。② 令人奇怪的是,看到还有更难以从一种语言翻译到另一种语言的东西,那就是声音与声响的现象。一种语言的声响空间有它自身特有的聚音性。

但是,我们懂得在母语中接受从词语的空洞中发出的遥远回声吗? 在阅读时,我们看到词语,就听不到词语的声音。诺迪埃③的《法语拟声词词典》对我曾有过怎样的启迪啊!它教会我用耳朵发现构成词的音响大厦的音节的空洞。我无比惊喜地得知,在诺迪埃耳中,动词闪烁(clignoter)是烛火的拟声词!无疑,当火苗摇晃时,眼睛就翻动,眼皮就颤抖。但是,完全投入聆听意识之中的耳朵已经听到了火苗的不适。人遐想着,他不再观看。不是吗? 火苗的声音似小溪流动不畅,火苗的音节凝住了。听清楚,火苗在闪烁。原始的词语必然是模仿

---

① 弗朗兹·冯·巴德尔(1765—1841):德国神学家,哲学家。
② 欧仁·苏西尼:《弗朗兹·冯·巴德尔与神秘主义知识》,弗兰出版社,第321页。——原注
③ 诺迪埃(1780—1844):法国作家。

耳朵所听到的，然后才表达眼睛所听见的。闪烁着的烛火的三个音节相互冲突，相互撞击。Cli, gno, ter，每一个音节都不愿融在另一个之中。火苗的不适体现在这三个音节的小小对立之中。词语的遐想者始终同情这种音响的悲剧。闪烁这个词是法语中最颤抖的、最厉害的词之一。

啊！这些遐想走得太远了。它们只能在沉溺于冥想的哲学家笔下产生。哲学家忘记了在当今世界，闪烁是心理学家研究的一种标志，"闪烁信号灯"是服从汽车司机手指的机械。但是，词语在表达如此众多的事物的同时失去了自己的忠实品德。它们忘记了最重要的事，非常熟悉的事，最熟悉的事。烛火的遐想者记得自己曾是微光的伙伴，他在阅读诺迪埃的作品时，重新学到了最初的纯真。

正如我们在前言中所指出的，烛火的遐想者很容易变成烛火的思索者。他想弄清楚为什么他的烛火的平静存在会突然发出呻吟。弗朗兹·冯·巴德尔认为这噼啪声，这个嘶拉克"先于任何一种燃烧，无论它是安静的还是喧哗的"。"它通过两种对立原则——其中之一压制另一种或使另一种从属于它——的接触而产生"。火苗总是在燃烧，它应再次被点燃，保持对自己光亮的制约以对抗粗糙物质。如果我们的耳朵更灵敏一些,我们就会听到这些内心骚动的回音。目光所看见的是廉价的统一。相反,火苗发出的咝咝声没有被归纳概括。火苗诉说着它应该支持一切为保持统一而进行的斗争。

但是,更加焦灼的心灵在把一件不幸的事情纳入普遍的苦难中的时候,并不会随着宏观视野而平静下来。对于烛火的遐想者来说,灯是一个与他的精神状态相关联的伙伴。灯火颤抖,是因为它加剧着某种会扰乱整个房间的不安。当火苗闪烁时,遐想者心中的血也在闪烁。火苗焦虑不安,遐想者喉咙里的气息便会惊跳。遐想者在肉体上与物的生命如此相关,他夸大微不足道的小事。对于这样的物的遐想者,他细腻的想象中的一切都具有人类的意义。我们很容易收集到许多有关对柔和光亮的敏感焦虑的资料。烛火揭示一些预兆。下面仅举一例。

在一个恐怖的夜晚,斯特林堡[①]的灯忽明忽暗:

"我去开窗。风差一点吹灭了灯。

---

① 斯特林堡(1849—1912):瑞典作家。

第二章 烛火遐想者的孤独

"灯唱了起来,呻吟着,咿呀咿呀地叫起来。"①

请注意,这故事是斯特林堡直接用法文写成的。既然火苗咿咿呀呀地叫着,它就有一种孩童的忧伤,因此,整个世界都是不幸的。斯特林堡又一次懂得,世界上的一切存在对他来讲都预示着不幸。咿咿呀呀的声音,不正是满含热泪依照孩子的方式闪烁吗?声中含泪,这个词不正是火的哲学常常提到的液态火苗的拟声吗?

在这本书的另外一处②,斯特林堡怀疑光亮的恶意:这是预示着不幸的声音③:

"我点燃蜡烛开始读书。周围死一般寂静,我听到自己的心跳。于是,一下轻微干裂的声响像电火一样震撼了我。

"这是什么?

---

① 斯特林堡:《地狱》,斯道克出版社,第189页。——原注
② 斯特林堡:《地狱》,第205页。——原注
③ "在伦巴第,未烧尽的木柴发出的噼啪声,柴火的噼啦声是不祥之兆。"昂热洛·德·古贝纳梯:《植物的神话》,第一卷,第266页。——原注

"一大块硬蜡烛刚才掉在地上。仅此而已,但,这对我们是死亡的威胁。"

斯特林堡无疑有一种被剥去外衣的心理。他对哪怕很微小的物质悲剧都极敏感。当焦炭燃烧时被弄得过碎,当残渣的连接并不紧密的时候,焦炭在火中也同样会发出警报。但是,灾祸,若它来自光亮,就会更加细微同时又更加严重。灯,蜡烛,不是提供最人类化的火吗?既然火发出了光,那火不就是最伟大的价值的制造者吗?在本性价值顶峰发生的混乱使得要求与宇宙平静相处的遐想者心碎痛苦。

我们要指出,在斯特林堡面对烛火的不幸而产生的焦灼中,我们找不到任何象征性的冲动的踪迹。事件就是一切。不论它多么微小,它都表示现时性的起伏。

人们可以很容易揭示这种狂动的幼稚。人们会对它在这讲述真实的家庭痛苦的故事中占据位置感到惊奇。但是,事实就在此;作家经历的心理事实夹杂着文学事实。斯特林堡相信微不足道的事件可能震撼人心。他想以一点小小恐惧就可把恐惧带到读者的孤独之中。

自然,心理学家在读斯特林堡的故事时,诊断精神分裂症是毫无困难的。但这些故事以文学形式提出一个问题:这些故事不带有精神分裂因素吗? 在用心读《地狱》这本书时,每个读者不都会有一段时间发生精神分裂吗? 斯特林堡知道,在绝对孤独中写作,他是与孤独阅读的伟大他人交流。他知道,在每个灵魂中,都有一个理性之外的、会突然出现最幼稚的恐惧的领域。他坚信能够宣传他的烛火的不幸。在《地狱》中,他又提出他在他的自传中表述的名言:"去吧,他人会害怕的。"[①]

V

当飞虫扑向烛火时,牺牲的过程是喧闹的,翅膀发出噼啪声,火苗突然跳跃起来。生命似乎在遐想者心上爆裂了。

螨虫的终结则比较柔软,却没有那么多声响。螨飞时没有声音,它只要碰一下火苗就马上会精疲力尽。在一个有宏大设想的遐想者看来,事件本身

---

① 斯特林堡:《作家》,斯道克出版社译本,第167页。——原注

比较简单,而各种解释则会走得很远。C.G.荣格因此写过整整一章介绍这种悲剧,题目是:"螨之歌"①。荣格引用了米勒小姐的一首诗。米勒是一位精神分裂症患者,对她的病理检查正是《灵魂的变形》一书第一版发行时进行的。

在此,诗还要赋予一个无意义事件以命运的意义。诗扩大了一切。正是向着太阳——火苗的火苗——长时间蜷曲在蛹壳中的微小存在要寻求高尚的牺牲,光荣的牺牲。

螨就是这样唱,精神分裂症患者就是这样唱的:"一旦我的小虫意识苏醒,我就渴求你。当我还是虫蛹时,我就只是梦着你。我的同类在扑向你所散发的几点微弱火光时,常常力尽而毙。还有一小时,我微弱的存在就要结束。但是,我最后的努力,犹如我最初的欲望,除却要接近你的光荣,绝没有任何别的目的。那么,只要有一刻心醉神迷,触摸到了你,那我就可心满意足地死去,因为,我毕竟能有一次在无比完美的辉煌之中看到了美、热、生命的源泉。"

---

① C.G.荣格:《灵魂的变形与其象征》,1953年译本,第156页及后面部分。——原注

这就是螨——欲求在阳光中死去的遐想者的象征——所唱的歌。荣格毫不迟疑地把他的精神分裂症患者的诗与浮士德梦想投身于阳光中的诗句相类比：

> 哦！为什么我没有翅膀让我飞离大地，
> 去追逐不断向前奔跑的他！
> 我在声音的光辉中永远能看到
> 沉默的世界在我脚下伸展。
>
> 但是，一种新的冲动在我身上升起，
> 我总是扑向远方，在他永恒的光芒之下畅饮。①

我们毫不犹豫地随着荣格继续把他的精神分裂症患者的诗与歌德的诗相类比，因为，我们观看了作为文学遐想最经常拥有的一种活力的形象的扩大。这对我们来讲，是写作遐想的心理学尊严的一种见证。

在《沙发》中，歌德把蝴蝶在火苗中的牺牲作为

---

① 引自荣格：《灵魂的变形与其象征》，第162页。——原注

幸福回忆(Selige Sehnsucht)的主题:

> 我要歌颂在火中,
> 在鲜润的爱之夜,
> 渴求死亡的生者。

> 在沉默的烛火光芒四射之时
> 你抓住一种奇特的感情,
> 你不再禁闭于
> 黑暗的阴影中,
> 一种全新的欲望
> 把你引向更高的婚姻。

> 你狂热地飞奔,
> 光的情人,你终于成为,
> 哦,精疲力尽的蝴蝶。

这样的命运从歌德那里获得了一个伟大的箴言:"死和变"。

> 当你还没有懂得
> 这:死和变!

你就只不过是

黑暗大地上的模糊不清的过客。

在《沙发》前言中,亨利·利希昂伯尔瑞对诗①进行了广泛的评论。东方诗歌的奥秘"在歌德看来与古代神秘主义、与柏拉图哲学和赫拉克利特哲学相近似。曾经埋头阅读过柏拉图与普罗提诺的歌德特别发现连接希腊象征主义与东方象征主义的亲缘关系。他认出扑到烛火火苗中去的蝴蝶的苏非派②主题与把蝴蝶变为灵魂的象征的希腊神话之间的同一性,后者向我们表现了以年轻姑娘或蝴蝶形式出现、被厄洛斯③抓住并折磨、被火炬燃烧的普赛克④"。

VI

螨扑到烛火中去:这是积极的向光性,重视物

---

① 歌德:《沙发》,第 45—46 页。——原注
② 苏非派:伊斯兰教神秘主义派别,产生于七世纪末期。
③ 厄洛斯:希腊神话中的爱神。
④ 普赛克:希腊神话中以少女形象出现的人类化身,与厄洛斯相恋。

质力量的心理学家如是说;这是恩培多克勒情结,想要从原始冲动的根源阅读人生的精神病学家如是说。他们都有道理。但是,把二者协调起来的是遐想,因为,当一个遐想者看见螨屈从它的向光性和死的本能,他就会对自己说:为什么我不这样呢?既然螨是一个小恩培多克勒,为什么我就不是一个通过火而死的浮士德式的恩培多克勒?——他将在太阳中征服光明。

蝴蝶应在灯火上燃烧它的翅膀,而我们在这不幸之前,没有注意熄灯,这是一个并没有使我们感情激动的宏观错误所在。然而,飞来烧了自己翅膀的存在的象征是怎样一个象征啊!当皮埃尔·让·茹弗①笔下的保利娜在初入舞场之前看到自己是如此美丽,当她想得到教徒般的纯洁又想得到所有男人的时候,她想到的正是火中的蝴蝶之死:"但是,我亲爱的蝴蝶,当心火苗吧。那里又有一只蝴蝶像那天晚上的那只一样即将死去,它马上就要死了。但它还是不由自主地又回到火中,它并不懂得火,而它的半只翅膀已被烧掉,它又回来,又一次回

---

① 皮埃尔·让·茹弗(1887—1976):法国诗人。

来,但这是火啊,我可怜的蝴蝶,这是火啊!"①

保利娜是纯洁的火苗,但这是火苗。她要成为一种诱惑,而她本身就被诱惑。她是那样美丽!她自身的美就是诱惑她自己的火。从第一幕开始,失误引起的纯洁性的死亡悲剧就在进行。茹弗的小说是讲述命运的。为爱情而死,在爱情中就如同蝴蝶在火苗中一样,这难道不是实现厄洛斯和塔纳托斯②的综合吗?汝弗的故事同时由于生的本能与死的本能而变得激动人心。这两种本能,正如茹弗所揭示的那样,无论在深度上还是在原始性上都不是相对立的。汝弗这个深刻的心理学家指出,这两种本能在命运的节奏中,在这些把不断的变革置于生命中的节奏中活动。

最初的形象,茹弗选择的女性命运的形象,就是在第一次舞会夜里被烛火烧掉的那只蝴蝶的形象。

我曾想继续谈论那些最不相同的火苗的遐想者们,即便是那些思考被光亮吸引的尺蛾之死的遐想者。但这正是些我并没有参与的遐想。我熟知

---

① 皮埃尔·让·茹弗:《保利娜》,第40页。——原注
② 塔纳托斯:希腊神话中的死神。

眩晕。空虚吸引我并使我恐惧。但是恩培多克勒的眩晕并不使我痛苦。

对于我这样的孤独遐想者,死亡的孤独是太大的思考题目。因此在结束本章时,我应该重提,我是如何把我在本章开始引述的简单而平静的遐想变成我自己的遐想的。

Ⅶ

让·加苏①总是想以这个完全值得向君王提出的问题去开始对伟大诗人米洛茨②的研究:"您的孤独如何?"

这个问题可有千百种答案。在什么样的灵魂中心,在什么样的心灵角落,在什么样的精神转折处,一位伟大的孤独者是孤独的,完全是孤独的吗?孤独?封闭或受到慰藉?在什么样的栖身之处,在哪间斗室,诗人真正成为孤独者?而当一切也都随着天公的脾气和梦幻的颜色变化时,一位伟大孤独

---

① 让·加苏(1897—?):法国作家。
② 米洛茨(1877—1939):立陶宛血统的法国作家、诗人。

第二章 烛火遐想者的孤独

者的每一个孤独印象都应找到它的形象。这样一些"印象"首先是形象。想象孤独应该为的是认识孤独——热爱它或保护它,为的是得到平静或为的是勇敢。如果人们想要把我们存在的意识变得清晰或变得模糊的"心理明—暗"变为心理学的话,那就应该增加形象,重复每一个形象。一个孤独的人,在独自一人的光荣之中,有时相信能够说出什么是孤独。但是,每个人有各自的孤独。孤独的遐想者只能给我们提供这本孤独的明—暗画集中的几幅图画。

而我,完全与诗人向我展现的那些形象相通,与其他人的孤独相通,我与其他人的孤独一起变得孤独。

我与另一个人的孤独一起变得孤独,深深地变得孤独。

但是,当然,这种对孤独的要求应该是谨慎的,不管怎样,这恰恰是形象的孤独。如果一位孤独的作家要向我讲述他的生活,他的全部生活,那他对我来说就立刻成为一位陌生人。他孤独的原因永远不会是我孤独的原因。孤独没有历史。我的全部孤独都包含在最初的形象之中。

那么,这就是简单的形象,在梦幻与回忆的

明—暗中的中心画面：遐想者坐在桌前，待在他的顶楼中；他点着灯。他点燃一支蜡烛，点燃一支大蜡烛。于是我回忆，我找到了自己：我就是他那样的不眠者。我像他那样学习。世界像他那样是为我的，难读的书被烛火照亮。因为作为孤独伴侣的烛火，尤其是孤独劳作的伴侣。烛火并不照亮一间空空斗室，而是照亮一本书。

夜晚，孤独一人，同在的是一本烛光照亮的书——书和烛火，是光的双重小岛，与精神、黑夜的双重黑暗相对。

我学习！我只是学习这个动词的主语。

思考，我还不敢。

在思考之前，必须学习。

只有哲学家才在学习之前就进行思考。

但是，在难读的书还未理解之前，烛火熄灭了。不应放过蜡烛发光的任何一点时间，那是学习生活的重要时刻。

如果我的目光从书上移开去看烛火，而不是学习，那我就在遐想。

于是时间在不眠的孤独中起伏，时间在知识的责任与遐想者的自由之间起伏，这是孤独的人过于轻易得到的自由。

第二章　烛火遐想者的孤独

烛火的不眠者的形象足以使我开始这思索与遐想的起伏运动。是的,如果处于形象中心的遐想者向我讲述他孤独的原因及生活中的某些遥远的背叛的故事,我会惶惶不安。啊!我自己的过去足以使我困扰难解。我不需要别人的过去。但是,我需要别人的形象以使我的形象有光彩。我需要别人的遐想以回忆我在微光下的辛劳,回忆起我也同样,我也曾经是一个烛火的遐想者。

第三章 火苗的垂直性

> 在高处……光褪去它的裙袍。
>
> ——奥克塔维奥·帕斯:《鹰还是太阳?》,让·克拉汉斯·朗贝尔的法译本,法莱兹出版社,第 69 页

I

在使我们轻松一些的遐想中,高度的遐想是有效的,而且是简单的。一切笔直的物体都指示着一个顶点。一个笔直的形式投入并且把我们带入它的垂直性中。征服一座真实的山峰总是一项体育壮举。遐想爬得更高,把我们带到垂直性的彼岸。那么多飞翔着的遐想在面对垂直存在的垂直性的

竞争中诞生。向着高处的遐想者在高塔旁,在树旁,对着天空遐想。向着高处的遐想滋养着我们的垂直本能,即受共同生活的义务与平凡水平生活的义务所抑制的本能。垂直着的遐想是遐想中最自由的。没有比向别处遐想更可靠的遐想途径了。但是,最具决定意义的别处,难道不是在"上面"的别处吗?"上面"在其中忘记或抹去了"下面"的遐想到来了。我们生活在笔直物体的顶端,聚集着垂直性的种种遐想,因而认识到存在的超越性。垂直性的种种形象使我们进入价值的王国。通过想象与一个笔直物体的垂直性一致,就是接受上升力量的恩惠,就是进入到隐蔽的火之中,这隐蔽的火居于种种美好的形式中,即它们的垂直性所保证的形式中。

以前,在我的《空气与梦幻》[①]的一章里,我曾花费很长时间阐述垂直性这个题目。如果人们仔细参阅这一章,就会看到我们现在谈论的有关烛火垂直性的遐想的全部背景。

---

① 《空气与梦幻》,第一章和第四章。——原注

II

最简单的是遐想的对象,最伟大的是遐想。孤独者桌上的烛光准备进行对垂直性的一切遐想。火苗是一种坚强而又脆弱的垂直物。一吹气就会扰乱火苗,但火苗会重新立直。一种上升的力量重建它的魅力。

特拉克尔[①]在一首诗中这样说:

烛火烧得很高,它的红色直立着。[②]

火苗是有人居住的垂直性。每个烛火遐想者都知道火苗是活生生的。它通过敏感的反应扩大自己的垂直性。燃烧的事故应该来扰乱向着顶点的冲动,同时火苗重新活动。在火苗前获得教训的垂直意志的遐想者懂得火苗应该重新直立起来。火重新获得向高处燃烧、用尽全力达到炽热顶峰的

---

① 特拉克尔(1887—1914):奥地利抒情诗人。
② 《德国诗歌精选》,第二卷,第109页。——原注

意志。

当烛火尽情燃烧时,那是怎样伟大,又是怎样美妙的时刻啊!在伸展并变得细长的火苗中,生命是何等微妙!于是生命与遐想的种种价值融为一体。

诗人说:

火的花茎!
人们知道一切散发香味的东西吗?①

是的,火苗的茎是那样笔直、脆弱,以致火苗就是一枝花。

因此,形象与诸物交换各自的道德。火苗遐想者的整个房间都承受着一种垂直性的气氛。温柔而又坚定的活力把冥想引向顶点。人们完全可能对围绕着烛芯的亲密旋转感兴趣,并且在火苗的内腹中看到黑暗与光明在其中争斗的涡流。但是,任何烛火的遐想者都把他的遐想向着顶点推进。正是在那里火变成了光。维利叶·德·利尔-亚当②

---

① 埃德蒙·雅贝斯:《超越的词语》,第15页。——原注
② 维利叶·德·利尔-亚当(1838—1889):法国作家。

曾把下面这阿拉伯谚语作为他有关伊西斯神①一章的题记:"火炬并不照亮它的基底。"

最伟大的遐想正是在顶端。

烛火从根本讲是如此垂直,以致它对一个存在的遐想者显现为向着彼岸、向着天空的非存在伸展。在题为《烛火》的诗中,我们读到这样的句子:

> 真实与非真实之间架起的火之桥
> 每时每刻都是存在与非存在的共存②

与无意义的事物、与火苗、与可能只是想象出来的火苗一起摆弄存在与非存在,那正是一个哲学家阐明形而上学的最妙时刻。

但是,任何深刻的灵魂都有各自的彼岸。烛火照亮一切超越性。面对烛火,克洛岱尔自问:"物质从何处飞起以奔赴神明的范畴?"③

如果我们相互赋予思考宗教礼拜仪式主题的权利,那我们就会毫无困难地找到有关烛火象征主

---

① 伊西斯神:古埃及神话中司婚姻、农业的女神。
② 罗热·阿塞林诺:《诗选》,德伯莱丝出版社,第38页。——原注
③ 保尔·克洛岱尔:《眼睛在听》,第134页。——原注

义的资料。因此我们必须面对知识。而这就超出我这本小书的论及范围,它只限于在象征开始显露时把握它们。若想进入位于火的符号之下的象征世界,不妨读读卡尔-马丁·埃德斯曼的伟大著作:《神火》。①

Ⅲ

在前言中,我排除了有关烛火现象的全部知的担忧,任何科学的或伪科学的经验。我尽我所能保持在正在想象着的遐想,即孤独遐想者的遐想的同质性中。当人们面对烛火陷入遐想时,是不可能两人同在的。歌德与爱克曼这对师生共同完成的那些天真观察并没有做任何思想准备,它们不可能以适合科学研究的严肃精神再现。它们并没有为我们提供更多通向这种对德国浪漫主义发生过如此重大作用的宇宙哲学的途径。②

---

① 卡尔-马丁·埃德斯曼:《神火》,1949年,还有他的《火的洗礼》,1940年。——原注
② 参见《爱克曼与歌德的谈话录》,第Ⅰ卷,第203、255、258、259页。——原注

为了马上证明人们与诺瓦利斯一起离开事实物理学的王国以进入价值物理学的王国,我要评说在米诺尔版本中改写过的题记:"是光制造了火(Licht macht Feuer)"①。这个三个音节组成的句子在德语形式下说得那样快,堪称飞快的思想之箭,以致共同的感觉没有马上感到它的创伤。全部日常生活迫使我们从反面读这个句子,因为,在日常生活中,我们点火是为了创造光。只有参与一种价值的宇宙论我们才可能证明这种挑战是对的。三个音节组成的句子"Licht macht Feuer"是烛火现象学的理想主义革命的第一步行动。这是遐想者为凝聚他的信念而重复的重要句子之一。时光流逝,我想象,我等待诗人唇边发出的这三个音节。

理想主义的证据是不会骗人的:诺瓦利斯认为,光的理想性应该解释火的物质行动。

诺瓦利斯还有这样的句子可摘录:"光是火的进程的保护神(Licht ist der Genius des Feuerprozesses)。"对于物质构成的诗学无论如何都是严正的宣告,因为光的优先从火中夺去了绝对主体的力量。火只是在它变成光的过程结束时才能获得自

---

① 第三卷,第33页。——原注

身真正的存在,也就是说当它在烛火的痛苦中摆脱其全部物质性的时候。①

如果人们在烛火中察觉到这种因果性的倒转,那应该说,顶点是行动的储存地。光在顶点得到净化,它尽力拉着烛芯。光于是成为规定烛火上升存在的真正动力。在价值超越事实,并在上升中找到它们存在的行为中去理解价值,这就是诺瓦利斯的理想化的宇宙论原则本身。所有的理想主义者在思考烛火时都找到了同样的上升的刺激作用。克劳德·德·圣-马丁②写道:

> 精神的运动犹如火的运动,它是上升的。

IV

在整理诺瓦利斯引述有关烛火垂直性的章节的过程中,人们会说:笔直的东西,一切在宇宙中垂

---

① 《百科全书》(条目:"火",第184页)作者之一认为:"活跃又明亮的烛火比炭火发出更多的热量。"——原注

② 克劳德·德·圣-马丁:《新人》,第四卷,第28页。——原注

直的东西,就是烛火。用生动一点的表达法应该说:一切攀高的东西都拥有烛火的活力。刚刚被减弱的逆命题也是很明确的。诺瓦利斯写道:

> 在烛火中,自然的一切力量都是积极的。(In der Flamme eines Lichtes sind alle Naturkräften tätig.)①

烛火构成了动物生命的存在本身。相反,诺瓦利斯还注意到"烛火的动物本性"②。可以说,烛火是赤裸的动物性,是一种过度的动物方式。它尤其是饕餮之徒(das Gefrässige)。这些名言在诺瓦利斯显示信念的直接特征的这部书中处处可见。这正是遐想的真理所在,而人们只能在经历深深的谵妄之时——更多的是遐想而不是思考时——才能证明这些真理。

每个生命王国都有各自特殊的烛火类型。在梅特林克翻译的部分中可看到(第 97 页):

---

① 诺瓦利斯:《塞易斯的门徒们》,耶拿版,1927 年,第二卷,第 37 页。——原注

② 同上,第二卷,第 206 页。——原注

树只能变成长满花朵的烛火,人只能变成会说话的烛火,动物则只能变成漂泊不定的烛火。[1]

保尔·克洛岱尔看来并没有读过诺瓦利斯的这段文字,但他却有过类似的论述。他认为生命就是火。[2] 生命在植物中准备它可燃的物质,并在动物中燃烧:"植物或可燃物质的建立过程。供给它食物的动物。"克洛岱尔在他论文概述中这样说。

如果植物可定义为可燃物质,那动物则是被点燃的物质。[3]

动物在燃烧用以供养能量——动物的形体就是这能量的行为——的东西并获得用以满足它身上隐藏的火的渴望的东西时,它维持

---

[1] 参考书中特殊的一段,其中所有活着的东西都作为火苗的排泄物,而我们则只不过是燃烧存在的残余物(第二卷,第216页)。
在《沙发》(第267页)中,歌德写道:
在灶台灵活跳动的火上,
动物与植物的精华从无形中提炼出来。
(An des Herdes raschen Feuerkräften Reift das Rohe Tier-und Pflanzensäften.)——原注
[2] 保尔·克洛岱尔:《诗的艺术》,第86页。——原注
[3] 保尔·克洛岱尔:《诗的艺术》,第92页。——原注

着自己的形体。①

　　这种以格言形式出现的宇宙论,无论在诺瓦利斯还是在克洛岱尔那里无疑都将排斥一种知的哲学。如果人们在诗学范围内接受这样的格言,那情况就会完全不一样。烛火在此是具有创造力的。它为我们提供诗的直观以使我们参与到世界燃烧的生活中去。烛火于是成为一种活生生的实体,一种诗化的实体。

　　彼此最相异的那些存在都从烛火那里获取各自的名称。只需一个形容词就可以使它们具有特征。匆匆的阅读者可能只会在其中看到文笔的游戏。但是,如若他参与了诗人哲学的燃烧着的直观,他就会明白烛火是有生命的存在的起点。生命就是火。为了了解生命的本质,应该与诗人一起共同燃烧。借用昂利·哥尔宾的公式,我们可以说诺瓦利斯的公式是要对炽热进行思索。

---

① 同上,第93页。——原注

V

但是,这是一个生机勃勃的形象,对烛火的思考从中找到了一种能够提高生命,并在生命之上延长生命——不顾共同物质的种种衰退——的超生命冲动。诺瓦利斯在第 271 节中概述了"烛火—生命"、"生命—烛火"的哲学①:

"跳出自身之外的艺术无论在什么地方都是最高的行为。它是生命的最初起点,是生命的根源。火苗除了是这种类型的行为外,不是别的。因此,哲学是从哲学思考者被哲学化、即被烧毁并被更新的地方开始的。"②

在一修订本中,诺瓦利斯坚持动词 verzehren (烧毁,消耗)的两种意义,指明在烛火的行为中,从被规定到规定、从满足的存在到经历自身自由的存

---

① 诺瓦利斯:《塞易斯的门徒们》,第二卷,第 259 页。——原注
② 参见尼采《诗选》,第 222 页:
　　生命自己竖起了
　　它最高的障碍。
　　现在,它跃过它自身的思想。——原注

在的过程。一种存在是在为自我更新而燃烧自己时,表现出一种烛火的命运时,在特别接受在其顶点发光的超火苗的命运时,才会变成自由的。

但是,在哲学思考之前,可能必须重新去看,可能,由于没有重新去看,必须重新想象——当安静的火苗脱离壁炉台下更加轻盈、更加自由飞舞的火星存在时——这种火灶的稀有现象。

我在夜里遐想时经常看到这种景象。有时,我的老祖母用一根大麻茎灵巧地点着火苗上面沿着黑色炉壁徐徐上升的烟。懒散的火并不能一下子燃烧掉木头中所有的配剂。烟遗憾地离开明亮的火苗。火苗中还有那么多可燃烧的东西。在生命中,同样有那么多要重新燃烧的东西!

当火苗上面的烟重新获得存在时,祖母对我说:看,我的孩子,这是火的小鸟。而我,就总比祖先说的话要想得更远,我想这些火的小鸟的窝在柴堆深处,隐藏在柔软木头与树皮下面。树,它载着鸟窝,已经在它的生长过程中为这些美丽的火的小鸟建造了栖身的温馨的家。在熊熊炉火的灼热之中,时间诞生并且飞跃起来。

如果最初的形象,为继续燃烧跳出自身之外的火苗不是真实的形象,那我对讲述我自己的冥想与

第三章 火苗的垂直性

遥远的回忆就有所顾虑。在自身之上飞翔的火苗，查理·诺梯耶已经看到它在初次冲动之外、在它的顶点之上又发起一次新的冲动。他谈到这些"被遐想的火，当制造它们的灰已冷却时，它们在火炬与烛台之上飞翔"[①]。

这幸存的、在上飞翔的火苗，在诺梯耶看来说明了一种遥远的比较。他讲的是这样一种时间：在其中唯有爱生活在社会世界之上，因此这些火在火炬之上发出更加纯洁的光亮。

对于动物化火苗的诺瓦利斯式的遐想者来说，既然火苗飞跃，那它就是一只鸟。一位年轻的诗人问道：

> 您在什么地方捕捉小鸟，
> 在火苗之外的别处？[②]

于是我在面对烛台的冥想与活动中，熟知家中的凤凰，即太空的凤凰，因为，它不是从灰烬而是从它孤单的烟雾中再生的。

---

① 查理·诺梯耶：《全集》，第五卷，第 5 页。——原注
② 皮埃尔·加尔尼埃：《罗热·图鲁兹》，罗舍弗尔手册，第 40 页。——原注

但是，当一种稀有现象是以不寻常的形象，即用过度的冥想充满灵魂的形象为基础的时候，应该把实在赋予谁、赋予什么东西呢？

一位物理学家要回答说：法拉第在一次公众讲座①中把用蜡烛灭后的白色烟气点着蜡烛的实验作为演讲题目。这个讲座是法拉第在夜间讲授课程的一部分，后来这些课的内容收入以《蜡烛的历史》为题目的集子中。要使实验成功，必须轻轻地、特别轻地吹灭蜡烛，然后非常快地点着白色烟气，唯一的烟气，而不碰着烛芯。

一半知道，一半遐想，于是我说：为使法拉第的实验成功，应该动作迅速，因为真实的东西不会长久遐想。不应让光明沉睡，应该赶快唤醒它。

---

① 法拉第：《蜡烛的历史》，法译本，第58页。——原注

第四章　植物生命中烛火的诗意形象

> 我不再知道我是否睡着
> 因为光在天芥菜①中守护着。
>
> ——塞利纳·阿尔诺:《文选》,第 99 页

I

当人们稍微遐想那些维持每个对象的形式的力量时,就很容易想象到任何垂直的存在中都有一簇烛火在统治着。特别要指出,烛火是笔直生命活跃的因素。我们在前面引述过诺瓦利斯的思想:"树除了是一簇开着花的烛火之外,什么也不是。"

---

① 天芥菜:一种植物,它的花总是向着太阳。

我们将回忆那些在诗人的想象中无限再生的形象，以阐明这个主题。

在讲述诗意的想象的诸种功绩之前，可能应该再说一遍：比较不是形象。当布莱兹·维吉尼亚把树与火苗作比较时，他只是对一些词进行对照，而没有真正能使植物词汇与火苗的词汇协调起来。让我们记住这冗长比较的例证。

维吉尼亚在谈到蜡烛的火苗时，马上就会提到树："在相同的意义上（与火苗相比）讲，树的根深深扎入土壤之中，它就像蜡烛把油脂、石蜡或油这些使它发热的东西作为自己的养料那样从土壤中汲取营养。树干吸取自身的汁液，这与蜡烛相同。火在蜡烛那里是靠从自身汲取的液体维持的，而白炽的火苗就是它的树干和长满树叶的枝丫；花与果是树希求的最终目标，它们就是白炽的火苗，一切都可归结于这种火苗。"[1]

若顺着这样展开的比较，我们将永远不能捕捉住成千上万火的秘密中的一个，这些秘密从远处为开花的树木准备燃烧的熊熊火焰。

因此，当形象从堪称辉煌的细节中、从生动的

---

[1] 维吉尼亚：《论火和盐》，第17页。——原注

诗歌萌芽中、从我们能够使之在我们身上复活的诗歌中诞生时,我们将企图随着诗人们从最初的诗歌中获取各种形象。

II

当火苗的形象为述说植物世界的真理而呈现在诗人面前时,形象必须在一个句子中树立起来。解释形象,发展形象,这就是减缓并阻止把火的热量和绿色的持久威力结合起来的想象冲动。形象—句子在梳理、讲述植物的火苗,它们同样是反对在看和说的习惯中沉睡的通常意义的抗争行动。但是,想象如此坚决地以新的形象坚持世界的真理,以致与非想象者们的论争成为白费时间的事情。对于那些向想象者说话的想象者来说,倒不如还是说、无限地说那些关于植物生命火苗的生机勃勃的句子。

这样,具有决定性意义的形象以及诗意决定的统治开始了。任何诗歌都是开始。我建议用"诗的警句"的名称来指定这些富于新鲜表达法的意志的形象—句子。片段主义者们所使用的片段名称会损害那些形象—句子。在一个从自身凝聚中获取力量的形象中,没有任何东西被压碎。

依靠一本对武断想象进行正确裁决的字典,依靠关于一切由诗人们培养的植物—火苗的植物学,人们可能会辨认出诗人与世界的对话。无疑,安排这样大量的、都自愿成为个别的形象总是困难的。但是,有时,书的魅力足以针对某种特殊形象把两种不同的种类接近起来。比如,当人们比较下面两个诗的判决时,怎么能不留下维克多·雨果与巴尔扎克也同属于冥想植物学家家族这样的印象呢?

> 任何植物都是一盏灯。香味就是光。[1]
> 任何香味都是空气和光的结合。[2]

毋庸置疑,在巴尔扎克的美学中,植物在顶部,它在花中间实现了空气与光的奇妙的综合。

一种波德莱尔的"通灵"凭借高处,凭借顶部而成为积极的,这就如同顶部的价值来刺激基础的价值。因此,在两个方向上经历香味与光的通灵的遐

---

[1] 维克多·雨果:《笑面人》,第二卷,第44页。——原注
[2] 巴尔扎克:《路易·朗贝尔》,第二版,第296页。——原注

想者认真地看出这种使柔和光线拥有价值的"思想":"某些树在被彩虹触及时会变得更加有香味。"

III

人们从一个特殊的诗人那里获得比诗的箴言还要浓缩的形象的萌芽——形象—萌芽,萌芽—形象。这就是在树的内部燃烧的火苗的证明——熊熊燃烧的生命的全部希望。路易·纪尧姆在题为《老橡树》①的诗中用五个字满足我们的遐想:"浆汁的柴堆",用以颂扬伟大的树。

"浆汁的柴堆"这从来没人说过的话,就是那用诗来思考世界的崭新语言的神圣种子。诗的警句引起读者的注意。在遐想赋予万树之王以火的力量的这种火焰汁液时,人们会想象到一千种诗的警句。我认为,由于诗人的赠予,我从古老的形象中苏醒过来,离开了拉奥孔似的痛苦扭曲的高大存在的高大形象,并遐想着这上升、燃烧的汁液,我感到树就是火炬。诗人预示橡树的一种伟大命运。这

---

① 路易·纪尧姆:《夜在说话》,第 28 页。——原注

橡树就是植物赫拉克勒斯,它以自身存在的全部纤维组织,在柴堆火苗中准备实现它最高的荣光。

一个充满宇宙矛盾的世界就从这些对立着的力量的节点出发诞生了。路易·纪尧姆用五个字就把火与水联结起来。这正是语言的一大胜利。唯有诗的语言能够拥有如此的勇气。我们的确涉入自由而又具有创造力的想象领域。

IV

形象的萌芽有时如同热情奔放的人。它一下子就会奔向荣誉的极点。让·科拜尔仅用一个形象就把火苗的意义授予孤独的水柱——这笔直的、比花园里的一切树木都笔直的存在。"科拜尔的水柱"——把他的名字赋予一个非创造形象的重要特权——在我看来,是强劲水流的火苗,是在它笔直行动结束时,能喷溅到它所能及的最高处的火。[①]

一道孤独的水柱

---

① 让·科拜尔:《荒漠》,第18页。——原注

第四章 植物生命中烛火的诗意形象

在黄昏花园

的石块之中

燃烧。

言语的巨大欢乐通过诗人向我们表现出来。通过诗人,我们超越了最基本的区别。水燃烧。它是冰冷的,却是强劲的,因此它燃烧。它以一种自然的超现实主义态度接受了想象的火的道德。在这种水—火苗之柱的直接超现实主义中,没有任何东西是有意的,也没有任何东西是被制造出来的。让·科拜尔用一个词概括了他的形象的超现实主义:燃烧这个词非现实化并超现实化。仅只燃烧这一个词就推翻了诗歌中的黄昏忧郁。被占有的形象于是成为忧郁具有创造力的证明。

这样一些对象的综合,这样一些有着如此相异形式的对象的融合——诸如水柱与火苗、树木与火苗的融合——很难在散文语言中表述。应该由诗、诗的柔韧、诗的种种蜕变来表述这些融合。赞美诗夺取了形象的存在,把这些形象变为自己的对象,即赞美诗对象。赞美诗是综合的力量。墨西哥诗人奥克塔维奥·帕斯很清楚地说明了这些,他十分明确地说:赞美诗同时就是火的杨树,水柱。①

在此,诗人还让读者注意进行插入解释——诗人乐于写一些应把顾长树木的火苗与水柱的垂直火苗结合起来的诗的警句。与当今时代的诗人一起,我们进入天然去雕饰的诗——毫无造作、总是想在最初言语中生活的诗——的王国。我们因此必须把诗作为第一次听到的词语来聆听。诗千真万确地是在言语的水平、在言语中并通过言语成为一种赞叹。

我们利用一切机会讲述我们对独立的诗的价值的热情。但是,我们在涉及光、花与果实的亲缘关系的更加普通的例证时,必须回到对火苗形象更为准确的研究计划上来。

V

一位诗人说:

---

① 奥克塔维奥·帕斯:《鹰还是太阳?》,第83页。——原注

第四章 植物生命中烛火的诗意形象

一棵树远不止是一棵树。①

它向着自身存在的最珍贵的光明升高着,就这样在许多诗中,挂满果实的树就是挂满灯的树。在田园诗中,形象就变得那样自然。树木的夏日簇叶是火的食粮。狄更斯笔下的一个人物就吐露说,在孩提时代,他就认为,鸟的眼睛之所以能闪闪发光,是因为它们靠红润闪亮的浆果为生。②

在关于马蒂斯绘画的题为《光的诗歌》的一次讲座中,阿尔塞纳·索莱伊引用了一位东方诗人的诗句:

柑橘是花园里的明灯

索莱伊还引了马塞尔·梯利③的诗:

我们看见苹果树上的果实
像明灯一样闪闪发亮

---

① 吉勒贝尔·索卡尔:《忠于世界》,第18页。——原注
② 狄更斯:《人的幽灵还是和约?》,第19页。——原注
③ 马塞尔·梯利(1897—1977):比利时表现主义诗人。

但这些形象来去匆匆,它们是最后的形象,它们并不追随那些绵长的遐想,这些遐想看到树把生命的浆汁改造成为火和火苗的实体。

当八月的太阳对最初的浆汁进行加工时,火来到葡萄串上。葡萄被照亮了。葡萄串变成一座在宽大树叶组成的灯罩下的灯架。葡萄园的腼腆树叶首先应该用来隐藏葡萄串。

宇宙遐想的诗人在"从火中升起"与"从光中升起"这两种形象之中进行选择。对哈舍尔德来讲,年富力强的葡萄树凭借强壮的枝蔓获取大地之火,把"这通过火山喷发而渗出撒旦般的甜蜜赋予一串串的葡萄"①。

人喝醉酒,就结束了葡萄树的疯狂。

一位诗人说,在每一棵树中,都存在着三种运动的结合:

树源,树的涌现,火之弧。②

---

① 哈舍尔德:《寓言与小说》,1900 年,第 150 页。——原注
② 奥克塔维奥·帕斯:《鹰还是太阳?》,第 77 页。——原注

还有一些树,这些树的花蕾中蕴藏着火。邓南遮认为,月桂树就是一种如此火热的树,以致一旦修剪它的树干,立刻就会有如同"绿色火星"似的花蕾布满枝头。

VI

一个诺瓦利斯式的遐想者很容易就会同意这个作为植物世界诗歌公理之一的公式:花,一切花朵都是火苗——想要变成光的火苗。

每个花的遐想者都会感觉到这种光的生成,并且促使这种生成更加富于生命力,以超越遐想者所见、超越现实。诗人遐想者生活在美的光环中,生活在超现实的现实之中。诗人不具有通过颜色进行创造的画家的种种优势,他对与画家的优势竞争丝毫不感兴趣。囿于职业的严格性,诗人,这通过词语绘画的画家,认识到自由的魅力。他应该讲述花、谈论花。他只有在通过言语的火焰使花的火苗更加旺盛时才能够理解花。诗的表达就是每个诺瓦利斯式的遐想者在哲学沉思中都预感到的光的生成。

因此诗人的问题就是用非现实表达现实。正如我在前言中所指出的,诗人生活在他的存在的明—暗之中,轮流带给现实一线光明或阴暗——每一次都会给他的表达带来一种意料之外的差异。

但是,"让我们看看"几种对花—火苗的诗的表达,随着诗人的灵感,其中的细微差别变化无穷。

首先,看看那些花的火苗可能是借用来的火苗的形象,即落日的余晖:

太阳下山了,而栗树燃烧起来①

让·布尔戴也特这样写道。

秋天的栗子树繁茂的簇叶在落日的交响乐中进行分割。那么,如果人们从整体上把握诗,那就很容易想象到每棵树都有光的行动。树尖上的火焰落到花园里的所有花中间。布尔戴也特的诗最后以这一伟大诗句结束:

大丽花保留了太阳的火炭

---

① 让·布尔戴也特:《手中的群星》,1954年,第21页。——原注

当我热情澎湃地朗读这样一首诗的时候,我感到一种火的统一体在太阳、树和花中间实现。

火的统一体?它就是诗的表达赋予世界行动本身的统一体。

在同一位诗人的作品中,还有更加个体化的火苗之花。一枝红郁金香,难道不就是一个火的酒杯?每一枝花不就是一种火苗吗?

> 金黄色的郁金香
> 火红的郁金香
> 在五月的热气中
> 弯曲。①

如果您把花园里的郁金香放在桌上,那就是一盏灯。把一枝红郁金香,仅仅一枝,放在长颈瓶中,那在它旁边,在孤独鲜花的孤独中,您将会产生烛火的遐想。

贝尔纳丹·德·圣·皮埃尔在一条注解中写道:"夏丹说,在波斯,一个年轻男子把一枝郁金香献给他的情人,为的是让她理解到,他与这枝花一

---

① 让·布尔戴也特:《梦幻的圣物》,第48页。——原注

样,有着火红的面容和炭黑的心。"[1]的确,在花萼底部,蜡烛的烛心完全是黑的。

当花是平静的灯时,即是一簇没有悲剧色彩的火苗时,诗人就找到了作为言语之幸福的言语:

蓝色的羽扇豆燃烧着
如同那些温柔的灯[2]

在言语的范围内,这就是一簇以唇形音节流动的潮湿火苗。

我想象一个美丽而又温柔的女人,她一面照镜子一面重复吟诵上面那两句诗。她的嘴唇是幸福的。她的嘴唇养成了温柔微笑的习惯。

在所有的花中间,玫瑰真正是植物火苗的想象的形象火炉。它就是马上可证实的想象的存在本身。在一位梦想的时光的诗人的这句诗中有着多么强烈的光彩啊!

---

[1] 贝尔纳丹·德·圣·皮埃尔:《自然研究》,巴黎版,1791年,第Ⅱ卷,第373页。——原注

[2] 让·布尔戴也特:同前书,第34页。——原注

第四章 植物生命中烛火的诗意形象

火和玫瑰合二为一①

为了使这样的形象配合给予每个形象以双重的价值,就必须让这些配合在两个方向上起作用。应该让玫瑰的遐想者在他的炉火中看到整个一枝玫瑰。

有时,花似乎是从燃着火苗的煤中诞生的。皮叶伊尔·德·芒狄阿格②这样说:

天竺葵的火照亮煤炭③

什么是这个红色和黑色伟大梦想的根源呢?是花还是火炉?对我来说,诗人描绘的形象出现了两次,而且两次都是热烈非凡。

一切都取决于诗人的气质。伦德刻维斯特笔下的形象是平静的矢车菊,"矢车菊电光一样站立在麦田里,就像一杆焊接枪那样竖着威胁着收割机"。

---

① T·S.艾略特:《四个四重奏》,皮埃尔·勒里斯译,第 125 页。——原注
② 皮叶伊尔·德·芒狄阿格(1909—?):法国作家。
③ 皮叶伊尔·德·芒狄阿格:《极大的不适》,第 33 页。——原注

灯与玫瑰交换着各自的温柔。罗当巴克是创造温柔形象的诗人,他说:

房间里的灯是一朵白色玫瑰①

在装有上百块镜子的家中,罗当巴克养了许多想象的花。他还写道:

灯
在莲花的明镜中使花儿开放

他的遐想与宇宙起源联系得如此紧密,以致他创造了垂直的水塘。诗人因此在他房间的墙上挂满睡莲画。什么都不能阻止想象者在所有光线中看见花。

一种更为热烈的诗人气质将以更多的激情讲述玫瑰花之火。在阿楠兹奥的著作中,处处可见火中玫瑰。在《火》这部伟大的小说中,有这样的句子:

---

① 乔治·罗当巴克:《故乡天空的明镜》,第13页。——原注

第四章 植物生命中烛火的诗意形象

看这些红色的玫瑰!

——它们在燃烧。人们会说,在它们的花冠中有一块点着的煤。它们千真万确是在燃烧。①

注解是如此简单!在粗心的读者看来它似乎是平庸的。但是,作家是要把这段两个情人间的对话放到激情之火中。隔了几行,对话又开始了:

看。它们越来越红。像博尼法西奥的丝绒……你记得吗?它也是那么吸引我。
——它是蕴于火中的花。

在另一处,当阿楠兹奥描述玻璃匠的劳动情况时,形象就正好相反。熔化的玻璃呼唤花的名字,这再次证明了双重形象的两个极之间的相互作用:

初成形的酒杯在吹管末端摆动着,一会儿是玫瑰红色,一会儿又是蓝色,就像那开始变

---

① 阿楠兹奥:《火》,法译本,第304页。——原注

色的绣球花的伞形花序。①

因此,相应地说:火开花,花发光。

人们可无限发展这两个结论:颜色是火的神灵显现,花是光的本体降临。②

Ⅶ

面对花的世界,我们处于一种精疲力尽的想象状态。我们几乎不知道,我们不再会把这些花作为美的世界——不断繁殖美的存在的世界——的见证迎接到它们存在的深处。然而,每种花都有它自己的光。每种花都是一线曙光。面对上天的遐想者应在每种花中找到天空的颜色。因此,这正是遐想所希求的,它在任何事物中都以追求生命顶点的意志启动一种超波德莱尔式的"通灵"。

为介绍《伊斯兰教中"爱的信徒"们的同情与神

---

① 阿楠兹奥:《火》,第328页。——原注
② 第一个公式是邓南遮的。——原注

灵感应》这篇出色的文章①,亨利·科尔宾在引述《天芥菜和它的祷告》时提到了普罗克洛②：

> 普罗克洛问：天芥菜通过自身运动追随太阳运动；月芥菜通过自身运动追随月亮运动,并在自己能及的范围内与世界的火炬为伍,鉴于这种情况,除了承认因果和谐,即在大地存在与上天存在之间交叉的因果关系之外,我们还能提供别的什么理由呢？
>
> 因为,事实上,任何东西都根据各自在自然界所占据的位置进行祈祷,并且歌颂它所属的神性系列的首领的功绩——精神的功绩、理性的或肉体的或可感觉到的功绩；因为,天芥菜由于摆脱自身运动而发生移动,如果人们能够通过它的运动突然发现被震动的空气的声音,在它所做的旋转中,就会了解到这是对它的国王所唱的颂歌,就像一种植物可能会歌唱的那样。

---

① 见《伊拉诺斯·雅赫布各》,1955年,第199页。——原注
② 普罗克洛(412—485)：希腊哲学家,新柏拉图主义者。

应该在什么水平上,在何种高度上思考普罗克洛的文章呢？首先,必须感觉到,文章的展开是为了达到一种高度,达到任何高度。火,空气,光,一切上升的东西也都具有神性,任何展开的梦幻都完全从花的存在起步。开着花的存在的生命火苗是向着纯洁光明世界的张力。

而这些生成是幸福的缓慢生成。上天乐园中的火炬与人间乐园的鲜花和谐一致,它们都是肯定的火苗,缓慢的火苗。天空与鲜花的和谐是为了教会沉思者进行缓缓的沉思,即祈祷的沉思。

如果我们早一些读亨利·科尔宾的上述论述,就会毫无限度地面对一种重要的高度——接受神圣尊严的高度。对普罗克洛来说,天芥菜带着天空的颜色进行祈祷,因为它总是以一种非凡的忠诚向着它的主旋转。于是亨利·科尔宾引用了《古兰经》中的这句诗:"每个存在都有自己的祈祷方式和属于自己的天福。"[1]科尔宾指出天芥菜的向日性在伊斯兰教的爱的信徒那里就是一种上天感应。

---

[1] 《伊拉诺斯·雅赫布各》,第203页。——原注

VIII

天真地在诗人们的形象上面遐想,我们已经接受了想象的一切小奇迹。当诗的价值活动时,援引其他价值是不恰当的,哪怕以一点点的批评精神研究它也是不恰当的。然而,在结束这短短一章时,让我们提供一份不得不用香槟人的眼光去看的资料。

我借用一本最严肃的书中的小故事。罗尔·弗拉兹不加任何准备和解释地写道:

> 当默里人与马来人相接触时,他们在马来人那里找到了一束红色的花(*gant'gn*:马来语:*gantang*)。默里人与马来人围绕着红花聚集起来,并把手臂伸在花上面取暖。①

随后,这小故事变得复杂起来,特别是一只鹿和一只绿啄木鸟介入。这只作为传说中的鸟类总

---

① 罗尔·弗拉兹:《亚洲的火的起源》,第 127 页。——原注

和的绿啄木鸟,以它五彩斑斓的羽毛完全可给部落中的人带来火。弗拉兹为我们提供了那么多有关动物的资料,这些动物在传说中都是对人行善的动物,我们要自己相信——相信一点儿,仅仅是一点儿——人种学家告诉我们的一切。我们顺从地学习天真。但是,在关于围绕着火红花束聚集起来并伸出手指取暖的马来人家族的传说中,讥讽的魔鬼占据了我的思想,我把天真的轴心翻转过来:因为当马来人告诉天真的传教士们这个关于火的红花起源的戏剧性故事时,他们的眼睛会发出野兽样的凶光!

第五章 灯之光

为了使我那腼腆的灯勇敢起来,漫漫黑夜点亮它所有的星星。

——泰戈尔:《黄萤》

(这首短诗写在一位夫人的扇面上。)

I

我们把熟悉的一系列真实对象带回到缓慢的生活之中。在这些对象旁边,我们由于那拥有过去而又每一次都会重新获得新鲜面貌的遐想,而恢复了生气。保存在《物化》——这人们喜爱的物的狭窄博物馆——中的对象是遐想的吉祥物。人们引用这些对象,而且由于它们名字的恩惠,人们已经随着一个古老故事而遐想着离开。因此,当名称,古老的名称意外地改变了对象,依附相异于古老物化的古老对象的另一个对象时,那是遐想的怎样的灾祸啊!那些在另一世纪中生活过的人在说灯这个词的时候用的是与今天完全不同的口形。对于我这样一个词语遐想者来说,灯泡这个词令人发笑。灯泡这个词永远不会那么常用,以致不能与主有形容词搭配。① 现在谁能够说:我的电灯泡和以前所说的"我的灯"相同呢?啊!在这主有形容词的衰落之中,如何还遐想这些如此强烈地表述我们与我们的对象之间的伙伴关系的形容词呢?

电灯永远不会让我们产生对那用油发光的活跃的灯的遐想。我们已经进入光控时代。我们的唯一职责就是转动开关。我们只是一种机械运动的机械主体。我们不能利用这个行动以一种合法的尊严把自己确立为动词点亮的主语。

在《向着一种宇宙论》这本绝妙的书中,欧仁·曼科维斯基写了题为《我点亮灯》的一章。② 但是,

---

① 让·德·包歇尔不无讥讽地展现了这样一个场面:不是蜡烛,而是"电灯泡"照耀着圣母的脸。蜡烛难道不是一种目光吗?"蜡烛会在它的烛油的黑色眼睛中燃烧。"而电灯泡是没有目光的。——原注
② E.曼科维斯基:《向着一种宇宙论》,第154页。——原注

在此的灯是电灯。手指按下开关就足以立刻让明亮的空间取代黑暗的空间。同样的机械动作也会引起相反的变化。一下轻微的松扣以同样的声音说出了它的是和不。现象学家于是有办法把我们交替置于两个世界中,也可说置于两种意识之中。用一个电开关,人们可以无休止地进行是或不的游戏。但是,在接受机械活动的同时,现象学家就失去了他的活动的现象学厚度。在黑暗与光明这两个天地之间,只有一个无现实的瞬间,一种柏格森式的瞬间,一种理智的瞬间。当灯有更多人性时,瞬间就有更多的悲剧。点亮古老的灯,人们总会担心失手,会遇到某种倒霉事。晚间的烛芯不完全是昨天的烛芯。若不照管,灯芯就会被烧。如果玻璃罩安放得不太正,灯就会冒烟。人们永远给予熟悉的东西与之相称的热忱友情。

II

正是在诗人们对物、对他们的物的友情中,我们能够认识这些把人类价值赋予短暂行为的瞬间。

在谈论童年的篇章中,亨利·博斯科重新赋予灯以它过去的尊严。关于这盏忠实于我们孤独存在的灯,他写道:"人们很快就激动地发现:它就是一个人。白天,我们认为它只是某样东西,没什么用处。但是,只要天暗下来,只要黑夜在孤独的、被这只能沿着墙摸索行进的黑暗所侵占的家中游移,那人们寻求的、又不再找得到的灯——人们随后发现是在何处忘记了它的存在——这盏熄灭了的被抓住的灯,即使是在人们点着它之前,都会给您慰藉,并献给您一种温馨的在场。它会使您安静,它想念着您……"①

上述文字在用"器皿性"定义对象存在的现象学家那里没有引起什么反响。他们创造了这个粗野的词是为了一下子就切断从物中而来的诱惑。对他们来讲,器皿性是如此清晰的知以致他们不需要回忆的遐想。但是,回忆加深着我们与好的东西,忠实的对象的伙伴关系。每天晚上,在规定时刻,灯为我们进行它的"善的行动"。这在善的对象与善的遐想者之间的感情颠倒很容易受到思想感情凝聚在成年时代的心理学家的批评。对他来讲,

---

① 亨利·博斯科:《一种不那么深刻的遗忘》,伽俐玛,1961年,第316页。——原注

那只是童年时代的后遗症。但在诗人笔下,诗意又开始震撼人心。作家知道在原始诗的现实上被激发的灵魂将会明晓诗的意义。博斯科继续写道:

> 当您点亮灯时,好好看着它,并且悄悄告诉我是否并非它在我们漫不经心的眼光下发光。也许,当我向您肯定,人们给它带来的火比它的火苗奉献给我们的火要少,您会感到惊奇。火来自外部。而这火只是一个机遇,一种关闭的灯为摆脱光而利用的方便借口。它存在着。我感到它是一种创造物。

"创造物"这个词决定着一切。遐想者知道,这种创造物创造着光。这是创造着的创造物。只需赋予它一种价值,只需回忆起它是一盏好灯,那它就变活了。它活在对往昔安宁的回忆之中。遐想者回忆如此明亮的好灯。自反动词:被点亮,加强了提供光的创造物的主语的价值。词以及它们温情的词形变化,都帮助我们深深地遐想。请赋予诸物以各自的品质,请从心灵深处把它们的正义力量赋予活动着的存在,而宇宙就会闪闪发光。一盏好灯,好的灯芯,好的灯油,就会发出使人欢愉的光。

谁爱美丽的火苗，谁就会爱好的灯油。他沿着一切宇宙起源的遐想的坡向上走，在这些遐想中，世界上的任何东西都是世界的一种萌芽。对诺瓦利斯式的遐想者来说，灯油就是光的材料本身，美丽的黄色灯油就是被浓缩了的光，一种要扩张的被浓缩了的光。人用一种轻盈的火苗去解放被禁锢在物质中的光的力量。

无疑，我们不再进行如此遥远的遐想。但是人们曾经这样遐想过。人们曾遐想过把光明的生命赋予黑暗物质的灯。一位词语的遐想者，当词源学告诉他石油就是石化的油时，他如何能不激动万分呢？灯使光明从大地深处升起。更加古老的是光所施加影响的实体，更加能肯定的是，灯是在其创造性的创造物形态中被遐想的。

但是，这些对于光的宇宙起源论的遐想不再属于我们的时代。我们在此引用它们只是为了指出未知的谵妄，丢失的谵妄，至多变成历史资料，即知道古老知识。

我们要按照博斯科这位伟大梦幻者的启示研究我们的梦。理解了博斯科的思想，就能够发现维系在他梦中的童年遐想的深度。我们和博斯科一起进入回忆与梦幻在其中交叉的迷宫。童年若入梦,那就是捉摸不定的童年。人们在叙述它时总会有所改变。有时人们在更多遐想时改变它,有时又会在更少些遐想时改变它。

亨利·博斯科,当他企图向我们传递把他与灯联系起来的感情时,就为这些起伏的回忆与梦幻激动异常。一种双重的本体论告诉我们同时是灯的存在和最初光线的忠诚遐想者的存在的东西是什么,这是很有必要的。我们为了引起回忆对象而接触到诗的情感根源。博斯科说:

"我相信,这是一种从我的童年而来的情感,而我有些笨拙地对这个童年的种种孤独进行发挥。"①

Ⅲ

在博斯科的整部著作中,在这样一种孩子和灯的相伴之后,灯成为在生活的叙述中起到真实作用的真实人物。在博斯科的许多小说中,熟悉的灯、亲切的灯标志着一个家、一个家庭的绵延。常常是一个仆妇负责看管祖先留下的灯。照顾年轻主人

---

① 亨利·博斯科:《一种不那么深刻的遗忘》,第317页。——原注

的仆妇尊崇家传物品,这就为她在孩童时代就熟知的主人延长了童年的和平。她知道为每个家庭生活的重大事件找到适当的灯。这就是老西多尼,她熟知各种等级的灯具名称,在等待了很长时间之后,点亮了大银烛台上的所有蜡烛。

在紧急时刻,一盏粗俗的灯由于它的简朴而会加速生与死的自然悲剧的发生。在夜晚的昏暗中,博斯科小说的中心人物——遐想的英雄马利克洛瓦在灯中找到了精神的救助:"因为我需要救助,而我不知道为什么在这盏小小的灯火中寻求救助。它微弱的光照着我,这只是一盏平常的灯,烛花未剪过,有时闪闪发光,有时又几乎熄灭。然而它在那儿,它活着。即使在它细长火苗的火势减弱时,它都保持着一种肃穆的光亮。这是一种温和又友好的存在,它在我忧伤时,用它灯光生命的微弱波动与我交流。因为它的玻璃球体只有很少的油供养它。黏腻的油向着灯火上升,而火苗把它熔化在光之中。但是光又向何处去?"

是的,当死亡把它冰冷的手指放在临终之人的眼睛上时,注视的光向何处去呢?

IV

即使是在生命中没有悲剧发生的时刻,灯的时光也是一种严重的时光,即人们应该在它的缓慢流逝中思考的时光。一位诗人,火苗的遐想者懂得把这缓慢的绵延置于表达灯的存在的句子本身之中:

……这盏亲切的灯和夜晚一起合奏……①

在法尔格的文章中有两个省略号。因此,诗人嘱咐我们低声讲述微光和夜晚最初黑暗协调的前奏曲。

缓慢的运动在遐想的明—暗中展开,这是宣传和平的运动:"灯伸出使人平静的双手。"②"一盏灯在房间里展开双翅。"③灯似乎不慌不忙地逐渐照亮整个房间。光的翅膀和手慢慢地擦过墙壁。

而莱昂·保尔·法尔格听见灯在灯罩下耳语。

---

① 莱昂·保尔·法尔格:《诗集》,伽俐玛,第71页。——原注
② 同上,第108页。——原注
③ 同上,第65页。——原注

光的消长都是轻轻的,二者提高或降低光照面:"灯唱的歌轻快柔和,像从贝壳中发出来的。"①

奥克塔维奥·帕斯也同样听到灯在低语:

> 油灯的光,是与自己讲话、说教、讨论的光。它对我说不会有任何人来……②

当灯低声说话时,沉默似乎加深了:

> 深邃的沉默使得灯发出声响

比利时诗人罗热·布鲁歇这样说。③

在流动中持续的绵延和在燃烧中持续的绵延来此协调它们的形象。法尔格的灯是安静而又缓慢的时间的伟大形象。火的时间在灯的火苗中减缓它的跳跃。谈论灯火,应该平和地呼吸。

有多少乔治·罗当巴克的灯加给我们同样的

---

① 莱昂·保尔·法尔格:《诗集》,伽俐玛,第108页。——原注
② 奥克塔维奥·帕斯:《鹰还是太阳?》,法译本,第69页。——原注
③ 罗热·布鲁歇:《严格的守夜人》,第21页。——原注

安静！在《故乡天空的明镜》①的一句诗中，我们获得了这样重要的教益：

> 平静的火的缓慢目光之上的友好之灯。

夜晚来临，人们点亮了灯，于是这不再是灯的诗人所经历的机械时刻：

> 房间对这绵延的幸福
> 感到惊喜。②

通过灯，光的幸福渗透到遐想者的房间之中。

我能很容易举出相当数量的一下子就可显示出灯的人类价值的形象。当这些形象是善的，那它们就有简朴的特权。灯的天性似乎被喜欢回忆的读者灵魂中的回响所保证。诗的光晕围绕着使过去重新获得生机的半明半暗的遐想中的灯光。

但是，与其在不同的例证上面宣传我们对灯的心理价值的阐明，毋宁引用博斯科最优秀作品中的

---

① 乔治·罗当巴克：《故乡天空的明镜》，第19页。——原注
② 同上，第4页。——原注

一部，灯在其中成为神秘心理小说的首要秘密。这部小说的名字是《风信子》。在这部小说中又出现了博斯科的所有读者都熟知的存在，在另外两部小说中(《风信子的花园》和《驴皮裤》)，这个人是孩子，而在《风信子》中，这个人成为年轻女人。从这部小说活到另一部小说，博斯科小说的人物因此是他具有创造力的生活的梦的伙伴。为讲述我的想法，我要补充说：灯，它在博斯科的小说中，也是一位梦的伙伴。

对于一个心理学家来说，不顾遐想与噩梦的混乱而解除这个亲切的存在——像我们兄长的双重存在——的个性，是怎样伟大的使命啊！我们会认识我们遐想的存在的统一。我们真正是我们自己的遐想者。当我们认识到存在与他人的遐想存在的统一时，我们就会梦一样地理解他人。

但是，让我们再进一步看一下在《风信子》这本书中博斯科的灯。

V

灯在书的第一页就出现了。作者叙述他在荒

凉的高原上,在靠着一堵墙的芜秽花园里空荡荡的家中——才写了六行,灯就照入进来,那是一盏别人的灯,一盏遥远的灯,一盏意料之外的灯。在初读时,人们并没有在极其简朴的文字下,猜想到只刚刚露头的用这样几行文字表现的孤独的悲剧:

> 在这堵开了一扇窄窗的墙内,只要我晚上一到,灯就突然亮起来。我因此感到不快。
>
> 我在路上等待着。我希望有人会来打开百叶窗。但没有任何人来。当我决定回家时,灯还在闪光。从此,每天晚上,当最初的夜幕降临,我都看见灯在发光。
>
> 有时,夜已很深,我会离家走到街上。我要知道灯是否还在亮着。
>
> 它还在亮着。人们只是到了拂晓才把它熄灭。

无须再读下去,一个问题就向我们这些灯的遐想者提了出来:这就是另外一个人的灯的问题。他人的知识的现象学家们没有分析过这样的问题。他们不知道一盏遥远的灯就是某个人的信号。

对一位灯的遐想者来说,有两种他人的灯。早晨的他人的灯和晚上的他人的灯,即第一线曙光的灯和最后一道夕阳的灯。面对通夜长明的灯,博斯科把问题变为两个:什么是他人的灯?什么是面对特殊灯的那个他人?《风信子》整部小说都是为回答这些问题的。

但是,正是凭最初的印象,我们会为自我修养而逗留在孤独的现象学中。于是博斯科的第一页就具有极端的敏感性。来到荒凉高原寻找孤独的人被距他住所 500 米处燃烧的一盏灯搅得心绪不宁。另一个人的灯妨碍他在自己的灯旁得到休息。这就存在孤独者的竞争。人们希求独自地单独存在,独自拥有一盏孤独的有意义的灯。如果对面的孤独的灯照着干家务的人,如果它只是一种器皿,那博斯科那样的沉思着的灯的遐想者就不会受到灯的任何轻视,也不会受任何痛苦。但是,在同一村庄里,有两盏哲学家的灯,那就太多了,多出了一盏灯。

遐想者的我思创立了他自己的宇宙,一个特殊的宇宙,一个只属于他的宇宙。如果遐想者坚信另一个人的遐想以一个世界与他自己的世界相对立,那他的遐想就受到妨碍,他的宇宙就被搅扰。

于是,一种关于内部对立性的心理学很快就在

《风信子》的开头部分发展起来。这盏遥远的灯无疑没有再退缩。这是一盏等待着的灯。它如此连续地熬着夜,以致可以说它是在监视。博斯科的孤独者在其中寻找孤独,于是成为受监视的空间。灯在等待,在监视。它监视着,因此它怀有恶意。敌对性的整个脚手架诞生于遐想者的灵魂中。于是博斯科的小说沿着新的轴心发展:既然遥远的灯监视着高原,被这种监视扰乱的遐想者将监视监视者。灯的遐想者藏起他的灯以窥视另一个人的灯。

我们已经利用博斯科的一段文字介绍很少有人研究的灯的心理学的细微差别。为了使读者感觉到他人的灯能够引起我们的过失,妨碍我们的孤独,藐视我们熬夜的尊严,我们的解释有些勉强。所有这些有点勉强的细微差别唤醒了这样的观念:灯如任何价值一样可能与一种情绪矛盾相联系。

但是,在以发现孤独为开始的小说中,陌生人的灯立即像一盏明亮的灯那样乐于帮助博斯科故事中的遐想者。于是遐想者对别人的孤独遐想以求获得安慰。从第 17 页起,情况发生改变:

> 就这样(遥远)的灯一下子具有了意外的重要性。不是因为它的光在过早降临的夜幕

中更加耀眼①,它总是那样温柔地发着光,而是因为它发出的光似乎更加令人感到亲切。这就好像:灯可能照亮精神的劳作或遐想,精神现在从灯那里得到更加亲切的光热,并热爱灯的安静的在场。在我眼中,为了变成为沉思的灯,它已失去了它的信号价值、等待的希望。

当大雪覆盖高原,当冬天阻挡任何生灵来临,孤独在单独地变化着。遐想者经历着痛苦。他要逃离"狂风漫卷的荒原吗"?而他在对遥远的灯的遐想中获得了救助。

在白雪茫茫的荒原,"我看见了灯:是它留住了我。现在,我怀着无声的柔情注视它"。人们是为我而点亮的灯:"这就是我的灯。在它温和的光下熬夜到那么晚的人,我终于设想他和我一样。有时,还会超出这种相似,那我是在想象我自己,我专注于某些对我来说始终难以捉摸的沉思。"②

遐想者面对遥远的灯的信念的运动并没有进行到底。"难以捉摸"这个词指的是被抑制的遐想

---

① 这场面发生在冬天的一个黄昏。——原注
② 亨利·博斯科:《风信子》,第 18 页。——原注

者。信念与秘密的起伏没有平息。为了得到休息,应该超越心理秘密之外真正变成灯下的熬夜人。全部沉思趋向这样的欲望:"这个灵魂在灯后面坚持着,即我本来要成为的那个灵魂。"

我只是提出了很有限范围内的变化的财富,这些变化在博斯科的这部著作中使对另一个人的灯的遐想活跃起来。但是,即使我逐行解释博斯科所写的30页书,我们是否能客观地依次指明它们绝妙而又深刻的美丽?我经常反复阅读《风信子》,但绝没有哪两次读后觉得是同一本书……我是个多么糟糕的文学教授啊!我在阅读时遐想太多,我回忆得也太多。每次读这本书,我都遇到个人遐想的事故,回忆的事故。一个词、一个动作都会中断我的阅读。博斯科书中的主人公放下他的百叶窗遮住灯光,我回想起我在故居做同样事情的那些晚上。村里的木匠在百叶窗上打了两个洞,早上太阳就可以唤醒一家人。晚上,夜深时,我的灯透过百叶窗的两个缺口把两束金色灯光射到沉睡的田野上。

跋　我的灯和我的白纸

I

在回忆劳作辛苦的遥远过去的时候,在想象那些如此众多而又如此单调顽强的劳动者的形象的时候,在灯光下阅读和沉思的时候,人们就准备像一幅画中的唯一人物那样生活。模糊不清的墙构成的、紧缩于中心的房间集中于在被灯光照亮的桌子前坐着的沉思者周围。在漫长的生活中,画面发生了千百种变化。但是,它保持着自己的统一,它的中心生活。现在,这成为一个经常的形象,回忆与遐想在其中被建立。遐想着的存在在其中全神贯注地回忆工作着的存在。慰藉,怀念就是回忆那些小小房间——人们在房间里工作,精力旺盛地工作。孤独工作的真正空间,就是在一间小房间里被灯照亮的圆圈。让·德·包歇尔清楚这一点,他写道:"只有一间窄小的房间可以让人工作。"①工作灯把整个房间置于桌子的体积之中。犹如我记忆中的昔日的灯使我的家集中,我工作的孤独重建了勇敢的孤独!

灯下的工作者因此是最初的雕像,在千百次回忆中对我都是有价值的,对所有人都是有价值的,至少,我想象这座雕像。我肯定,绘画并不需要传说。人们不知道灯下工作者想什么,但却知道他在思考,他独自一人在思考。最初的雕像标志着一种孤独,标志着一种孤独类型的特点。

如若我能在我的"最初的"雕像中的一座或另一座中找到我自己,那我会工作得更好,我将会工作得多么好啊!

II

如果在灯光照亮的桌面的白纸上展开孤独,那孤独就会发展加深。白纸! 这需要穿越却永远没有穿越过的广袤沙漠。这页对每个熬夜人始终呈

---

① 让·德·包歇尔:《黑暗撒旦》,第 195 页。——原注

现空白的白纸,难道不就是无限周而复始的孤独信号吗?当孤独是一个不仅要自我修养、不仅要思考而且还要写作的工作者的孤独时,什么样的孤独热衷于反对孤独者呢?所以,白纸是一种虚无,一种痛苦的虚无,是文字的虚无。

是的,假若仅仅是能够写作!之后,也许人们才能思考。"首先是作家,其次才是哲学家。"尼采有这样一句俏皮话。[1] 但人们过于孤独而不能去写。白纸又过于白,过于空以致人们不能在写时开始真正地存在。白纸要求沉默。它与灯的亲切熟悉正好相反。"雕像"从此就有两个极,灯的一极和白纸的一极。孤独的工作者在这两个极之间都分裂了。一种敌对的沉默于是占据了我的"雕像"。马拉美说:

……一盏灯清冷的光

投在白色护卫着的空白纸上?[2]

---

[1] 尼采:《快乐的知识》,法译本,第25页。——原注
[2] 马拉美:《和煦的海风》,《年轻时代的诗》。——原注

III

若一切都重新开始,开始在写作中生活,那将多么好——对自身也是慷慨大度的——啊!通过文字,伟大的孤独熬夜人的伟大思想就在文字中诞生!但是为了在他的存在的孤独中写作,就像人们揭示一张生活的白纸,就应该有意识的奇遇,孤独的奇遇。但是面对单独的白纸,意识能够使它的孤独发生变化吗?

是的,单独一人,如何认识意识的奇迹?人们能够在从自身的深度之中时找到意识的奇迹吗?有许多次,我活在我的一座"雕像"之中,我相信我使我的孤独加深了。我相信,我沿着螺旋形的存在阶梯下来。但是,我在下阶梯的过程中明了:由于相信思考,我遐想。存在并不在下面。它在上面,总是在上面——恰恰就是在进行着的孤独思想之中。因此,面对白纸,为了在意识的蓬勃青春之中再生,必须在过去形象的明暗中,即褪了色的形象的明—暗中放入更多一点阴影。然而,必须重新雕刻雕刻家——在每个晚上,重新雕刻在灯的孤独中的孤独存在本身——简言之,在最初存在之中看到一切、思考一切、写出一切。

IV

总之,生活的经验,令人无所适从的经验,归根结底是在我的白纸前,即与我的灯距离相当的桌子上面放的白纸前,而非我真正地属于我的桌子的存在。

是的,我是在我的存在的桌子前认识了最大限度的存在,处在紧张状态的存在——向着一个在前,一个更加在前,一个在上的紧张状态。我周围的一切都在休息,都悄无声息,我单独的存在,我寻求的存在伸向要成为另一存在、存在多出部分的似是而非的需求之中。人们正是因为无,因为遐想而相信自己可能写书。

但是,当遐想者有关心理明—暗的小册子完成时,怀念那些严格排列的思想的时刻就又回来了。

按照我的烛火浪漫主义,我只讲述了面对存在的桌子的生活的一半。在如此多的遐想之后,我仍急于自我教育,因而离开白纸去研究一本对我来讲是困难的、总是有些过于困难的书。在面对一本结构严密的书的紧张状态中,精神被建立,被再建立。思想的任何生成,思想的任何未来,都系于精神的再建过程中。

但是,对我来讲,现在重新找到我熟悉的工作者并使之回到我的雕像之中来,还是时候吗?